MW00962247

Printed in the USA

Zulu Language:
The Zulu Phrasebook and Dictionary

BY AMAHLE GULIWE

Contents

1. THE BASICS
a. Numbers Izinombolo

One (1)	Okukodwa
Two (2)	Kubili
Three (3)	Kuthathu
Four (4)	Kune
Five (5)	Isihlanu
Six (6)	Isithupha
Seven (7)	Isikhombisa
Eight (8)	Isishiyagalombili
Nine (9)	Isishiyagalolunye
Ten (10)	Ishumi
Eleven (11)	Ishumi nakunye
Twelve (12)	Ishumi nakubili
Thirteen (13)	Ishumi nakuthathu
Fourteen (14)	Ishumi nakune
Fifteen (15)	Ishumi nakuhlanu
Sixteen (16)	Ishumi nesithupha
Seventeen (17)	Ishumi nesikhombisa
Eighteen (18)	Ishumi nesishiyagalombili
Nineteen (19)	Ishumi nesishiyagalolunye
Twenty (20)	Amashumi amabili
Thirty (30)	Amashumi amathathu
Forty (40)	Amashumi amane
Fifty (50)	Amashumi amahlanu
Sixty (60)	Amashumi ayisithupha
Seventy (70)	Amashumi ayisikhombisa
Eighty (80)	Amashumi ayisishagalombili
Ninety (90)	Amashumi ayisishiyagalolunye
One hundred (100)	Ikhulu
One thousand (1000)	Inkulungwane
Ten thousand (10.000)	Izinkulungwane eziyishumi
Fifty thousand (50.000)	Izinkulungwane ezingamashumi amahlanu
One hundred thousand (100.000)	Izinkulungwane eziyikhulu
One million (1.000.000)	Isigidi

Ordinal numbers

First	Okokucala
Second	Okwesibili
Third	Okwesithathu
Fourth	Okwesine
Fifth	Okwesihlanu
Sixth	Okwesithupha
Seventh	Okwesikhombisa
Eighth	Okwesishiyagalombili
Ninth	Okwesishiyagalolunye
Tenth	Okweshimi
Eleventh	Okweshumi nakunye
Twelfth	Okweshumi nakubili
Thirteenth	Okweshimi nakuthathu
Fourteenth	Okweshumi nakune
Fifteenth	Okweshimi nakuhlanu
Sixteenth	Okweshumi nesithupha
Seventeenth	Okweshimi nesikhombisa
Eighteenth	Okweshumi nesishiyagalombili
Ninteenth	Okweshumi nesishiyagalolunye
Twentieth	Okwamashumi amabili

Incomplete amounts

All	Konke
Half	Hhafu
A third	Incenye kokuthathu
A quarter	Ikota
A fifth	ingxenye kokuhlanu
A sixth	ingxenye kokusithupha
A seventh	ingxenye kokuyisikhombisa
An eighth	ingxenye kokusishiyagalombili
A ninth	ingxenye kokuyisishiyagalombili
A tenth	ingxenye kokuyisishiyagalolunye

Useful phrases

How much?	Kangakanani?
A little	Kancane

Some	Okunye
A lot	Okuningi
More	Okwengeziwe

b. Time & Dates

Days of the week	Amalanga eviki
Monday	Umvulo
Tuesday	Ulwesibili
Wednesday	Ulwesithathu
Thursday	Ulwesine
Friday	Ulesihlanu
Saturday	Umngcibelo
Sunday	Isonto

General time

What time is it?	Sithini isikhathi?
It's 6 PM.	Intsimbi yesithupha ntambama.
In the morning	Ekuseni
In the afternoon	Ntambama
In the evening	Ebusuku
Fifteen minutes till 6	Imizuzu eyishumi nakuhlanu ingakashayi insimbi yesithupha
10 minutes till 6	Imizuzu eyishumi kungakashayi Insimbi yesihupha
Today	Namhlanje
Yesterday	Izolo
Now	Manje
Tonight	Ebusuku banamhlanje
In the morning	Ekuseni
In the evening	Ntambama
In the afternoon	Ntambama
This Tuesday	Kulwesibili kuleviki
This week	Kuleliviki
This month	Kulenyanga
This year	Nonyaka

Tomorrow morning	Kusasa ekuseni
Tomorrow afternoon	Kusasa Ntambama
Tomorrow evening	Kusasa ntambama
Yesterday morning	Izolo ekuseni
Yesterday afternoon	Izolo ntambama
Yesterday evening	Izolo ntambama

Months

January	uMasingana
February	uNhlolanja
March	uNdasa
April	Mbasa
May	uNhlaba
June	uNhlangulana
July	uNtulikazi
August	uNcwaba
September	uMandulo
October	uMfumfu
November	u Lwezi
December	UZibandlela
What date is today?	Zingaphi namhlanje?

c. Customs

Q: Do you have something to declare?	Kukhona ongakwethula na?
A: I have something to declare	A: Kukhona engifuna ukukwethula
A: I have ... to declare	Ngine. ... engizoyethula
A: I have nothing to declare	Anginako engizokwethula
I will be in the country for ... days	Ngizoba kulelizwe amalanga awu. ....
I wil be staying at ...	Ngizobe ngihlala e...
I'm a tourist	Ngiyisivakashi
I'm doing business here	Ngenza ibhizinisi lapha
Do you speak English?	Ngabe uyasikhuluma isiNgisi na?
I don't understand	Angicondi kahle

4

I'm sorry	Ngiyacolisa
Q: Where did you arrive from?	Uvela kuphi?
A: I arrived from ...	Ngivela e. ..
Q: How long will you be here?	Uzocitha isikhathi esingakanani lapha?
A: I will be here for ... days	Ngizoba khona izinsuku eziwu. ...
CUSTOMS VOCABULARY BANK	AMAGAMA ASEBENZA KWA CUSTOMS
Passport	IPassprt
Ticket	Ithikithi
Baggage claim check	Kuthatwa kuhlolwe izikhwama
Immigration	Ihhofisi lofoduko
Passport control	Kulawula amaPassport

d. Getting Around/Transport

VOCAB BANK	IBHANGE LAMAGAMA
BUS	IBHASI
Where is the bus stop?	Sikuphi isteshi sebhansi?
When is the next stop?	Sinini isiteshi esilandelayo?
When is the next bus?	Sinini isiteshi sebhansi esilandelayo?
When is the last bus?	Itholakala nini ibhasi yokugcina?
Does this bus go to ...	Kungabe lebhasi iya e....
Is this seat taken?	Kungabe lesihlalo sithethwe na?
How much is it?	Kubiza umalini?
Where can I buy a ticket?	Ngingalithenga kuphi ithikithi?
One ticket please.	Ngicela ithikithi elilodwa.
Two tickets please	Ngivela amathikithi amabili
Three tickets please	Ngicela amathikithi amathathu
Four tickets please	Amathikithi amane ngiyacela
TAXI	ITEKISI
Where can I get a taxi?	Ngingayithola kuphi itekisi?
I need a taxi.	Ngidinga itekisi.
How much is it?	Ibiza kangakanani?
Please drive me to this address.	Ngicele ungiyise kulendawo le.
Please stop here.	Ngicela ume lapha.

| I need to get out. | Ngidinga ukuphuma |

e. Hotels

BOOKING IN ADVANCE	UKUZIBEKELA INDLU NGAPHAMBILI
Do you have a room?	Ngabe ninayo indlu?
How much is it per night?	Kubiza malini ubusuku obubodwa?
Does it include Internet?	Iyifaka phakathi yini iInternet?
How much is Internet access?	Kungumalini ukuthola iInternet?
Is the Internet fast?	Ngabe iInternet iyaphangisa na?
I need one bed	Ngidinga umbhede owodwa
I need two beds	Ngidinga imibede emibili
It's for...	Ingeka. ....
....one person	....umuntu oyedwa
...two people	. ...abantu ababili
...three people	....abantu abathathu
...four people	. .... abantu abane
... five people	. ... abantu abahlanu
... six people	. ... abantu abayisithupha
I'd like to see the room, please	Ngingathokoza ukubona lendlu, ngiyacela
Could we do a lower price, please?	Ngicela senze ephansi intengo.
Can I see another room?	Ngingabona enye indlu na?
Is there a deposit?	Sikhona isibekelo na?
Yes, I'll take it.	Yebo, ngizoyithatha
No, I wont take it.	Chabo, angeke ngiyithathe
What time is check in?	Sikhathi sini sokungena na?
What time is check out?	Sikhathi sini sokuphuma na?
Does it include breakfast?	Kufaka phakathi ukudla kwasekuseni na?
What time is breakfast?	Kungobani isikhathi ukudla kwasekuseni?
I need to be woken up at 6AM	Ngidinga ukuvuswa ngo 6AM
Is there a laundry?	Ngabe ikhona yini ilaundry?

Is there a swimming pool?	Ngabe likhona yini indawo yokuphukuda?
Is there a safe?	Ngabe sikhona isisefo na?
Where can I change money?	Ngingayishintja kuphi imali?
Can I buy a tour?	Ngingaluthenga uvakasho na?
What time is checkout?	Sikhathi sini sokuphuma na?
I need a taxi for 8AM, please.	Ngizodinga iTekisi ngo 8 EKUSENI, ngiyacela.
I'm leaving at ...	Ngizohamba ngo....
I need to leave my bags here.	Ngidinga ukushiya isikhwama zami lapha.
Thank you very much!	Ngiyabonga kakhulu!
PROBLEMS:	IZINKINGA:
The bill is incorrect	Lena bill ayisiyo
I need a new key	Ngidinga isihiya esisha
I need a blanket	Ngidinga ingubo
I need a receipt	Ngidinga ireciept
The toilet is broken	Indlu yangasese yephukile
The TV is broken	Umabonakude wephukile
It's too hot	Kushisa kakhulu
It's too cold	Kubanda kakhulu
It's too noisy	Kunomsindo omkhulu
The room is dirty	Lendlu incolile
VOCAB BANK	IBHANGE LAMAGAMA
Hotel	Ihhotela
Motel	Ihhotela
Hostel	Ihostela
Apartment	Izindlu ebilidini elilodwa
Inexpensive	Akukaduri

f. Directions

Excuse me, where is ...	Uxolo, ikhuphi .....
Could you show me where to go?	Ungangikhombisa lapho kumele ngiye khona?
Which street is it on?	Ikusiphi isitaladi?

What is the address?	Lithini ikheli
Can I get there ...	Ngingakwazi ukufika khona. ...
... by foot	....ngezinyawo
... by train	. ...ngololiwe
... by car	. ...ngemoti
... by bus	. ...ngebhansi
To the right	Ngakwesokunene
To the left	Ngakwesokhohlo
At the corner	Ekoneni
Straight ahead	Chubeka phambili
Next to	Maduze ne ...
In front of	Phambi kwe. ..
Behind	Ngemuva
Is it far?	Ingabe kukude na?
Is it nearby?	Ingabe kuduzane na?
How do I get there?	Ngifika njani lapha?
Do you know?	Uyazi na?
I'm sorry, I only speak a little Zulu	Ngiyacolisa, isiZulu ngisazi kancane
VOCAB BANK	IBHANGE LAMAGAMA
Street	Isitaladi
Building	Ibhilidi
Boulevard	Umvila wesitaladi
City	Idolobha
Square	Isikwele
Neighborhood	Izakhamuzi

g. Shopping

Where is the store?	Sikuphi isitolo
Where is the supermarket?	Ikhuphi isupermarket?
Where is the mall?	Ikhuphi imall?
Where is the grocery store?	Sikuphi isitolo segrocery?
Where is the bookstore?	Sikuphi isitolo sezincwadi?
I'm looking for this book.	Ngifuna lencwadi le.
I need a newspaper.	Ngidinga iphephandaba
Q: Can I help you?	Q: ngingakusiza na?

A: We don't have it.	Asinako thina.
I need your help	Ngidinga usizo lwakho.
Where can I buy?	Ngingathenga kuphi?
I need to buy ...	Ngidinga ukuthega. .....
Could I try this on?	Ngingakuzama loku na?
My size is ...	Insayisi yami ngu. ...
How much is this?	Kubiza kangakanani loku?
Please write the price down on a piece of paper	Ngicela ungibhalele intengo esicephini sephepha.
I'm just looking	Ngiyabheka nje kuphela
This is too expensive	Kubiza kakhulu loku
Can we lower the price?	Singayehlisa intengo na?
Do you take credit cards?	Uyawathatha yini ama credit cards?
I will take that.	Ngizothatha loku.
I need receipt, please	Ngidinga ireciept, ngiyacela
It's broken	Kuphukile
I need a refund	Ngidinga ungibuyisele imali engithenge ngayo
I need to return this	Ngidinga ukukubuyisela emuva loku
I need a bag	Ngidinga isikhwama
I don't need a bag	Angisidingi isikhwama
VOCAB BANK	IBHANGE LAMAGAMA
Men's Restroom	Indlu yangasese yamadoda
Women's Restroom	Indlu yangasese yawomama
Restroom	Indlu yangasese
Do Not Enter	Ungangeni
No Smoking	Akubhenywa
Information	Imininingwane
Open	Kuvuliwe
Closed	Kuvuliwe
No Cameras	Ama camera awafuneki
No Cell Phone Use	Azisentjeziswa zincingo

h. At the bank   **Phakathi ebhange**

Where is the bank?	Likhuphi ibhange?

What time does the bank open?	Livula ngobani ibhange?
What time does the bank close?	Livala ngobani ibhange?
I don't remember my pin	Angiyikhumbuli ipin yami.
Here is my card.	Nanti ikhadi lami.
I need to exchange money	Ngidinga ukushintja imali
I need to withdraw money	Ngidinga ukukhipha imali.
What is the price?	Kubiza malini?
What is the exchange rate?	Kushintjiswa ngomalini izimali?
I need to find an ATM	Ngidinga ukuthola iATM
Smaller notes, please	Ngicela imali yamaphepha encane
Do you accept traveler's check?	Niyayithatha traveler's check na?
Do you accept credit cards?	Niyayithatha icredit card na?
Do I need to sign?	Kudingekile ukuba ngisayine na?
I need the receipt, please	Ngidinga irisidi, ngiyacela

i. Internet — iInternet

Do you have free Internet?	Ninayo iInternet engakhokhelwa?
Where is an Internet café?	Likuphi ikhafe leInternet?
How much does it cost to access the Internet?	Kubiza kangakanani ukulumeka kwi iInternet?
Is this a high speed connection?	Ngabe izinga lombane likhulu na?
What is the password?	Ithini ipassword?
Which network do I connect to?	Nguyiphi inetwork engilumeka kuyo?
Is it wireless Internet?	Kungabe yiInternet yomoya na?
How much does it cost?	Kubiza malini?
How do I log on?	Ngilogina kanjani?
Connection is dead	Akulumekeki
The computer is not working	Ikhompyutha kayisebenzi.
I'm done using the Internet.	Ngicedile ukusebenzisa ikhompyutha.
I need to ...	Ngidinga uku...
... check my email	.....hlola iposi lombane
... use Skype	...sebenzisa uSkype
... print out documents	....printa imibhalo

... scan documents	....skena umbhalo

j. Cell Phone   Umahlala ekhukhwini

I'd like to buy a cell phone.	Ngithanda ukuthenga umahlala ekhukhwini
I need a cell phone charger	Ngidinga icharger kamahlalekhukwini
My number is ...	Inombolo yami ithi. ....
What is your phone number?	Ithini inombolo yakho yocingo?
I need to speak to ...	Ngidinga ukukhuluma no. ...
What is the code for ...	Ithini icode ka . ....

k. Iposi

Where is the post office?	Likuphi iposi?
I need to send ...	Ngidinga ukuthumela. ...
... A domestic package	....Iphakethe eliya kulelizwe
... an international package	...iphakethe eliya emazweni.
... a postcard	...ikhadi lokuposwa
... a parcel	. ...iphasela
Postal code	Inombolo yeposi lendawo
Declaration	Ukwethula
Stamp	Isitembu

l. Business   ibhizinisi

I'm here on business	Ngikhona la ukuzokwenza ibhuzinisi
I'm from ...	Ngivela e....
... America	...Melika
... England	. ..Ngilandi
Could I have your business card?	Ungangipha ikhadi lakho lebhizinisi?
Here is my business card	Nanti ikhadi lami lebhizinisi
Where is the conference?	Ikhuphi ikhomfa?
Where is the company office?	Likuphi ihhovisi lenkapani?
Where is the business building?	Likhuphi ibhilidi lenkapani?
I'm here for a business meeting	Ngikhona la ukuzongenela umhlangano webhizinisi

I'm here for a conference.	Ngikhona la ukuzongenela ikhomfa.
I'm here for a trade show	Ngikhona la ukuzongenela umbukiso wezohwebo.
Could you translate please?	Ungangihumushela ngiyacela?
I need an interpreter.	Ngidinga ozohumusha
Pleasure doing business with you.	Ngithokozile ukwenza ibhizinisi nawe.
That was a great meeting!	Bekukade kungumhlangano umuhle!
That was a great conference!	Bekukade kuwukomfa omuhle!
That was a great trade show!	Ibeyinhle leshow yokukhangisa!
Thank you.	Ngiyabonga.
Should we go out for lunch?	Singazikhipha siye ukuyodla ukudla kwasemini na?
Should we go out for dinner?	Singazikhipha siye edineni na?
Should we go out for a drink?	Singazikhipha siyothola isiphuzo na?
Here is my email	Nansi igama leposi lombane lami
Here is my phone number	Nansi inombolo yocingo lwami

m. Museums/Tours

MUSEUMS	EMSAMO
Where is the museum?	Kukuphi emsamo?
What time does the museum open?	Kuvulwa ngobani emsamo?
I'd like to hire a guide.	Ngithanda ukucasha ozingazisa izindawo.
How much does a ticket cost?	Libiza kanganani ithikithi?
I need ...	Ngidinga. ...
... one ticket	..... ithikithi elilodwa.
... two tickets	.....amathikithi amabili.
... three tickets	.....amathikithi amathathu
... four tickets	...amathikithi amane
TOURS	
I'd like to ...	Ngifisa uku. ...
... take the day tour	...thatha uhambho losuku

12

... take the morning tour	...thatha uhambho lwasekuseni
... take the evening tour	...thatha uhambho lantambama
How long is the tour?	Lude kangakanani uhambho?
How much does it cost?	Lubiza malini?
Is food included?	Kufaka phakathi ukudla yini?
Is there water available?	Ayatholakala amanzi na?
What time will we return?	Sisobuya ngasikhathi sini?

n. Special Need Travelers (Seniors, Children, Disabilities)	**Izidingo ezimcoka Abavakasho (Abakhulile, izingane, abakhubazekile)**
DISABILITIES/SENIORS	UKUKHUBAZEKA/ASEBAKHULILE
I need help, please.	Ngidinga usizo, ngiyacela.
Is there an elevator?	Likhona ikheshi na?
How many steps are there?	Zingakhi izitebhisi?
Could you help me across the street please?	Ungangisiza ngewele umgwaco na? Ngiyacela.
I have a disability.	Ngingokhubazekile.
I need to sit down, please.	Ngidinga ukuhlala phansi ngiyacela.
Is there wheelchair access?	Incola yokhubazekile iyakwazi ukungana na?
Are there restrooms for people with disabilities?	Zikhona yini Izindlu zangasese zabakhubazekile?
Are guide dogs allowed?	Ukungabe izinja
VOCAB BANK	IBHANGE LAMAGAMA
Ramp	Ummango
Wheelchair	Isihlalo esinamasondo
CHILDREN	IZINGANE
I have children.	Nginezingane.
Are children allowed?	Izingane zivumelekile na?
Is there a children's menu?	Kukhona yini ukudla kwezingane?
Is there a baby changing room?	Ikhona yini indlu yokushintjela izingane?
Is there a baby seat?	Sikhona yini isitolo sengane?
I need a ...	Ngidinga i. ...
... stroller	...incola yezingane

... highchair	...... isitulo esiphakeme
I need ...	Ngidinga i...
... diapers	....inabukeni.
... baby wipes	...okokusula ingane

2. MEETING PEOPLE
a. Getting Acquainted

UKUHLANGANA NABANTU
Ukuzijwayeza

Hi, my name is ...	Sawubona, igama lami ngingu...
Hello	Sawubona (singular) / sanibonani (plural)
Good morning	Kusile / sawubona
Good afternoon	Sawubona
Good evening	Lishonile
How are you?	Unjani
I'm good and you?	Ngiphilile, wena?
My name is ...	Igama lami ngingu
What is your name?	Ubani igama lakho?
Nice to meet you	Ngiyathokoza ukuhlangana nawe
I'm from ...	Ngivela e. ...
I'm an American	Ngingu Mmelika
I am British	Ngingu Mmgisi
Mr.	Mnumzane
Mrs.	Nkosikazi
Ms.	Intombi
Do you speak English?	Uyasikhuluma iSingisi na?
I understand	Angicondi kahle
I'm sorry, I don't understand	Ngiyacolisa, angicondi kahle
I'm here on business	Ngilapha ukuzokwenza ibhizinisi
I'm here to study	Ngilapha ukuzofunda
I'm here for a conference	Ngilapha ukuzongenela ingcungcuthela
I'm here for tourism	Ngilapha ngokuvakasha
I'm from America	Ngivela eMelika
I'm from England	Ngivela eNgilandi
I'm from Australia	Ngivela eAustralia
Where are you from?	Uvelaphi wena?
What do you do?	Uziphilisa ngani?

I'm a businessman	Ngiwusomabhizinisi
I'm a student	Ngingumfundi
I'm an engineer	Ngiwu njiniyela
I'm a lawyer	Ngingummeli
I'm a doctor	Ngiwudokotela
Are you married?	Ngabu ushadile na?
I'm married	Ngishadile
This is my wife	Unkosikazi wami lona
This is my husband.	Ngyumyeni wami lona
I have one child	Nginengane eyodwa
I have two children	Nginezingane ezimbili
I have three children	Nginezingane ezintathu
I have four children	Nginezingane ezine
I have five children	Nginezingane ezinhlanu
How old is your son?	Isikhule kangakanani indodana yakho?
How old is your daughter?	Isikhule kangakanani indodakazi yakho?
How many children do you have?	Unezingane ezingaphi?
Thank you	Ngiyabonga
Here is my email	Nanti igama leposi lombane lami
Do you use Facebook?	Ngabe uyamsebenzisa uFacebook na?
Excuse me	Angizwanga
Goodbye	Sala kahle
Have a good night	Ube nobusuku obuhle

b. Opinions/States of Being   Imibono/isimo sobuntu

GENERAL	OKUJWAYELEKILE
I am hot	Ngizwa ukushisa
I am cold	Ngizwa amakhaza
I am tired	Ngikhathele
I am sleepy	Ngiphethwe ubuthongo
I am jetlagged	Nginokukhathala
I am hungry	Ngilambile
I am thirsty	Ngomile

I need to use the restroom	Ngidinga ukusebenzisa indlu yangasese
I need to smoke.	Ngidinga ukubhema
Did you enjoy that?	Ukuthokozele loko na?
I thought it was ...	Bengicabanga ukuthi ku....
... amazing	...kuyamangalisa
... beautiful.	.....kuhle.
... okay	...kulungile
... interesting	....luyathandeka
... unusual	...akujwayelekile
... dull	...kubuthuntu
... overly expensive	.......kubiza kakhulu

c. Inviting People Out (Music/Nightclubs/ Performing Arts) — **Ukumema abantu ekuzikhipha (umculo/kuma nightclus/Ezindaweni zokusikisa)**

Would you like to go out tonight?	Ungathanda ukuzikhipha namhlanje ebusuku?
What kind of things could we do at night?	Kunga zintoni zini esizenza ebusuku?
Are you free ...	Ngabe ukhululekile....
... tonight?	...namhlanje ebusuku?
... tomorrow?	...kusasa?
... this weekend?	..kulempelasono?
When are you free?	Uzokhululeka nini?
Would you like to come with me?	Ungathanda ukuhamba nami na?
Yes of course.	Yebo ngokweciniso.
I'm sorry, I can't.	Ngiyacolisa, angikwazi.
Would you like to go ...	Ungathanda ukuhamba....
... to a bar?	... ukuya ebar?
... to a café?	...ukuya ecafe?
... to a lounge?	...ukuya endaweni yokuhlala?
... to a concert?	...uya kwiconcert?
... to a restaurant?	Uya eresturant?
... to the movies?	...uya emovini?
... to a party?	Uya edilini?
What time should we meet?	singahlangana ngobani isikhathi?

Where should we meet?	Singahlanganela kuphi?
Will you pick me up?	Uzongilanda na?
I will pick you up.	Ngizokulanda
What kind of music do you like?	Uthanda luphi uhlobo lomculo?
I like ...	Ngithanda...
... pop.	...ipop.
... rock.	...irock.
... hip hop.	...ihpi hop.
... country.	Icountry.
... R&B.	...iR&B
Who is your favorite singer?	Ubani umculi omthanda kunabobonke?
My favorite singer is ...	Umculi engimthanda kunabobonke u...
Do you like ...	Uyathanda yini i...
... to dance?	....ukudansa.
... to go to concerts?	..ukuya kwi concert?
... to go to the theater?	....ukuya kwi theater?
... to go to the opera?	Ukuya kwi opera?
... to go to the symphony?	Ukuya kwi symphony?
I do like ...	Ngiyathanda...
I don't like ...	Angithandi...
I want to ...	Ngifuna uku...
... go to a concert.	....ukuya kwi concert.
... go to the theater.	...ukuya kwi theater.
... go to the symphony.	...ukuya kwi symphony.
... go to the opera.	...ukuya kwi opera.
Do you want to ...	Uyafuna yini ukuya kwi...
... go to a concert?	..ukuya kwi concert?
... go to the theater?	....ukuya kwi theater?
... go to the symphony?	...ukuya kwi symphony.
... go to the opera?	...ukuya kwi opera.
Could we buy tickets?	Singawathenga amathikithi na?
How much are the tickets?	Abiza malini lamathikithi?
I want the cheapest tickets please.	Ngicele ashiphile kunawo onke amathikithi.
I want the best tickets please.	Ngicela ahamba phambili amathikithi.

17

Where is the concert?	Ikuphi leconcert?
I need to buy ...	Imaduzane...
... one ticket, please.	...ngicela ithikithi elilodwa.
... two tickets, please.	...ngicela amathikithi amabili.
That was great.	Kube kuhle.
That was long.	Kube kude.
That was amazing.	Kube ngokuthokozisayo.
That was okay.	Kube ngokukahle.
What kind of movies do you like?	Uthanda hlobo luni lwamamovie?
I like ...	Ngithanda...
... action.	...ication.
... animated films.	Ianimated films.
... drama.	...idrama.
... documentaries.	... idocumentaries.
... comedy.	... icomedy.
... thrillers.	... ithrillers.
... science fiction.	... iscience fiction.
... horror.	... ihorror.
... romantic comedy.	... iromantic comedy.
Could we go to the movies tonight?	Siya emamovini yini namhlanje ebusuku?
When can we go to the movies?	Singaya nini emamovini?
What movies are playing?	Kudlala maphi amamovie?
How much are the tickets?	Abiza malini amathikithi?
Is the theater far from here?	Ngabe itheater ikude nalapha yini?

d. Hiking

Do you like to hike?	Uyathanda ukuhamba uhambo olude na?
I love to hike.	Ngiyathanda ukuhamba uhambo olude.
What is the weather going to be like?	Isimo sezulu sizobe sinjani?
It will be ...	Kuzobe ku...
... cold.	...kubanda.
... cloudy.	...lisibekele.
... snowing.	....likhihliza iqhwa.
... sunny.	..libalele.

... warm.	..kushisa.
... hot.	...kushisa. kakhulu.
When can we go?	Singahamba nini?
Is it safe?	Kuphephile na?
Do we need to buy water?	Kudingekile yini ukuthi sithenge amanzi?
Is the water safe to drink?	Kungabe aphephile yini lamanzi ukuwanatha?
Do we need to buy food?	Kudingekile yini ukuthi sithenge ukudla?
Will we need a guide?	Sizomudinga yini ongasisiza ukusihola?
Is it scenic there?	Ingabe kuyindawo enhle na?
How long is the hike?	Kuthatha isikhathi eside kangakanani lokuhamba?
How long is the drive?	Kuthatha isikhathi esingakanani okushayela.
How long is the climb?	Kude kangakanani lokugibela?
I'm looking for ...	Ngifuna i...
... the campsite	..indawo youkuphumula.
... the toilet	..indlu yangasese.
What time does the sun go down?	Lishona nini ilanga?

e. Sports

What sport do you love?	Uthanda mdlalo muni?
I love ...	Ngithanda...
... football	...ibhola.
... hockey	ihockey.
... basketball	... ibasketball
... baseball	... ibaseball
... soccer	... ibhola lezinyawo
... boxing	... iboxing
Do you play ...	Uyayidlali yini i...
... football?	...ibhola.
... hockey?	ihockey.
... basketball?	... ibasketball
... baseball?	... ibaseball
... soccer?	... ibhola lezinyawo

... volleyball?	... ivolleyball?
Yes, I do.	Yebo ngiyayidlala
A little bit.	Kancini
No, not much.	Chabo, hhayi kakhulu
Do you ...	Ngabe uya...
... go running?	...uyaya gijima?
... go to the gym?	...uyaya ejimini?
Could we play?	Singadlala na?
I'd like to play.	Ngingathanda ukudlala.
I'm sorry, I can't play.	Ngiyacolisa, angeke ngikwazi ukudlala
I'm tired.	Ngikhathele
I think I need a break.	Ngicabanga ukuthi ngidinga ukuphumula.
Can we go to a game?	Singaya emdlalweni na?
Where is it located?	Ikhuphi lendawo?
Who's playing?	Kudlala obani?
How much are the tickets?	Awumalini mathikithi?
I need ...	Ngidinga.
... one ticket, please.	...ithikithi elilodwa.
... two tickets, please.	...amathikithi amabili.
That was great!	Kube kuhle loko.
He's an awesome player!	Nangu umdlali odlulele.
That was long!	Kube kude loko.

f. Sex & Romance

CONVERSATION STARTERS	IZINDLELA ZOKUCALISA INKULUMO
Hey, you look like you're having the most fun out of anybody here.	Yeyi, kubukeka ngathi uzithokozisa ngabo bonke abalapha.
Hi, are you from around here?	Sawubona, ungabe uvela khona lapha endaweni?
Can I buy you a drink?	Ngingakuthengela isiphuzo na?
Want to dance?	Ufuna ukudansa?
I'm having a great time with you.	Nginesikhathi esihle nawe.
You're awesome.	Uyangithokozisa.
I'm having the time of my life.	Nginesikhathi esihle empilweni yami.

Want to go some place quiet?	Ngabe ufuna siye endaweni ethulile?
Want to go outside with me?	Ngabe ufuna ukuphuma nami?
You're beautiful.	Umuhle.
Let's go inside.	Masingene ngaphakathi.
SEX	EZOCANSI
Kiss me.	Ngicabule
Touch me here.	Ngithinte lapha
Take this off.	Khipha loku.
Does that feel good?	Kungabe kuzwakala kumnandi na?
You like that.	Uyakuthanda loko.
Let's use a condom.	Masisebenzise ijazi.
I can only do it with a condom.	Ngingakwazi uma sisebenzisa ijazi.
Stop!	Mana!
Don't do that.	Ungakwenzi loko.
I like when you do that.	Ngiyajabula uma wenza loko.
Keep going.	Chubeka
That feels so good.	Loko kuzwakala kumnandi.
That was incredible.	Kube mnandi kakhulu.
Let's do it again.	Masiphinde futhi.
I want you.	Ngiyakukhanuka.
I love your body.	Ngiyawuthanda umzimba wakho.
You're beautiful	Umuhle.
I love you.	Ngiyakuthanda.
I want to see you again.	Ngifuna ukukubona futhi.
Would you like to meet me tomorrow?	Ungafisa ukungibona kusasa na?
Would you like to meet me on the weekend?	Ungathanda ukungibona ngempelasonto na?
Would you like to give me your phone number?	Ungathanda ukunginka inombolo yakho yocingo na?
Would you like to give me your email?	Ungathanda ukunginika iposi lakho lombane na?

3. EMERGENCIES
General

KUYAPHUTHUMA
okujwayelekile

| Is it safe? | Kungabe kuphephile na? |
| This is an emergency! | Loku ngokuphuthumayo! |

21

Help!	Siza!
Be careful!	Caphela!
Stop!	Mana!
Call the ambulance!	Biza iambulance!
Call the police!	Biza amaphoyisa!
He is hurt.	Ulimele
She is hurt.	Ulimele
There has been an accident.	Kube khona ingozi.
Can I use your phone?	Ngingalusebenzisa ucingo lwakho na?
Could you help me please?	Ngicela ungisize
I have been robbed.	Ngikhuthuziwe
I have been assaulted.	Ngihlukunyeziwe.
She has been raped.	Uhlukunyezwe ngokwecansi lona wesifazane.
He has been assaulted.	Uhlukunyeziwe lowesilisa
I lost my ...	Ngilahlekelwe yi. ......
... passport	...ipassport
... money	. ...imali
... wallet	. ..iwallet
It was a man.	Bekuyindoda
It was a woman	Bekungumfazi
It was him.	Bekunguyena
It was her.	Bekunguyena
I need a lawyer	Ngidinga ummeli
I need to contact the American embassy.	Ngidinga ukuthinta ihhovisi lenxusa laseMelika
I need to contact the British embassy.	Ngidinga ukuthinta ihhovisi lenxusa laseNgilandi

4. MEDICAL CARE   UKUNAKEKELA KWABEZEMPILO

I need to go to the hospital.	Ngidinga ukuya esibhedlela
Where is the hospital?	Sikuphi isibhedlela?
Where is the pharmacy?	Likhuphi ikhemisi?
I lost my medication.	Ngilahlekelwe yimithi yami.
I need this medication.	Ngiyawudinga lomuthi lona.
I'm on medication for ...	Ngithatha umuthi we. ...
I need new glasses.	Ngidinga izibuko ezintja.

I need new contact lenses.	Ngidinga amalense amasha amehlo.
I need the receipt, please.	Ngidinga irisidi, ngiyacela.
I'm hurt.	Ngilimele.
He is hurt.	Ulimele.
She is hurt.	Ulimele.
I'm sick	Ngiyagula
He is sick.	Uyagula.
She is sick.	Uyagula.
It hurts right here ...	Kubuhlungu la. ...
I can't move my ...	Angikwazi ukuhambisa i.... yami
I'm allergic to something.	Kukhona okungigulisayo lapha
I was throwing up.	Bengiphonsa phezulu.
He was throwing up.	Ebephonsa phezulu.
She was throwing up.	Ebephonsa phezulu.
I have chills.	Ngizwa amakhaza.
I feel weak.	Ngizizwa ngibuthakathaka.
I feel dizzy.	Ngizizwa ngisangene.
I can't sleep.	Angikhoni ukulala.
I have a headache.	Ngiphethwe yikhanda.
I need antibiotics.	Ngidinga amaphilili eanti biotic
How many times a day should I take this?	Ngifanele ukuwathatha kangaphi ngelanga lawa?
He is having ...	Uphethwe. ....
... an epileptic fit.	...yisifo sokuwa.
... an asthma attack.	...isifo sesifuba.
... a heart attack.	...isifo senhliziyo.
I have a fever ...	Ngiphethwe ngumkhuhlane. ..
She has a fever ...	Uphethwe ngumkhuhlane. ..
He has a fever ...	Uphethwe ngumkhuhlane. ..

Women	**Abesimame**
I'm on the pill.	Ngidla amaphilisi okuvikela
I need the morning after pill.	Ngidinga iphilisi lokuvikela imorning after.
I need a pregnancy test.	Ngidinga ukuhlola ukuthi ngabe ngikhulelwe na.
I have missed my period.	Angiyanga emfuleni.
I might be pregnant.	Kungenzeka ngikhulelwe.

I'm pregnant.	Ngikhulelwe.
I have a yeast infection.	Nginesifo sokukhunta isitho.
I have a UTI (urinary tract infection).	Nginesifo sesitho sangasese.

5. MINI DICTIONARY   ISICHAZA MAGAMA ESINCANE

a. English to Zulu

English	Zulu

A

English	Zulu
Aboard	Phezulu
About	Ngako
Above	Ngaphezulu
Accident	Ingozi
Account	Akhawunti
Across	Kujuba
Adapter	Iadaptha
Address	Ikheli
Admit	Mukela
Adult	Omdala
Advice	Iseluleko
Afraid	Ngiyesaba
After	Ngasemuva
Age	Ubudala
Ago	Edlule
Agree	Vuma
Ahead	Ngaphambili
Air	Umoya
Air conditioning	Ukugucula isomo sokushisa somoya
Airline	Inkapani yezindiza
Airplane	Indiza
Airport	Isikhumulo
Aisle	Indawo yezinto
Alarm clock	Iwashi lealarm
Alcohol	Utjwala
All	Konke
Allergy	Okungezwani nomzimba
Alone	Ngedwa

English	Zulu
Already	Sekwenzekile
Also	Nako
Always	Njalo
Ancient	Kwakudala
And	Ne
Angry	Ukukwata
Animal	Isilwane
Ankle	Iqakala
Another	Okunye
Answer	Impendulo
Antique	Iantique
Apartment	Izindlu
Apple	Ihhabhula
Appointment	Ukubekwa
Argue	Ukuthethisana
Arm	Umkhono
Arrest	Bopha
Arrivals	Abafikayo
Arrive	Fika
Art	Umdwebo
Artist	Umdwebi
Ask (questinoning)	Buza (umbuzo)
Ask (request)	Cela (isicelo)
Aspirin	Iphilisi leasprin
At	E/Ku
ATM	ATM
Awful	Akuthandeki

B

Baby	Ingane
Babysitter	Obheke ingane
Back (body)	Icolo (umzimba)
Back (backward position)	Ngasemuva (indawo engasemuva)
Backpack	Ubhaki
Bacon	Ubhekeni

English	Zulu
Bad	Kubi
Bag	Isikwama
Baggage	Izikhwama
Baggage claim	Indawo yokuthatha isikhwama
Bakery	Inkapani ebhakayo
Ball (sports)	Ibhola
Banana	Ubanana
Band (musician)	Abadlali (bomculo)
Bandage	Ibhandishi
Band-Aid	Ibhandishi lezinda
Bank	Ibhange
Bank account	Iaccount yasebhange
Basket	Ibhaskidi
Bath	Geza
Bathing suit	Ingubo yokugeza
Bathroom	Indawo yokugezela
Battery	Ilahle
Be	Yiba
Beach	Ebhishi
Beautiful	Kuhle
Because	Kungoba
Bed	Umbhede
Bedroom	Ekamelweni
Beef	Inyama yenkomo
Beer	Utjwala
Before	Ngaphambilini
Behind	Ngemuva
Below	Ngaphansi
Beside	Eceleni
Best	Okwedlulele
Bet	Ngiyabheja
Between	Phakathi
Bicycle	Ibhayisikili
Big	Kukhulu
Bike	Isidududu
Bill (bill of sale)	Ibill

English	Zulu
Bird	Inyoni
Birthday	Usuku lokuzalwa
Bite (dog bite)	Luma
Bitter	Kumunyu
Black	Kumnyama
Blanket	Ingubo
Blind	Ukungaboni
Blood	Igazi
Blue (dark blue)	Luhlaza
Blue (light blue)	Luhlaza okwesibhakabhaka
Board (climb aboard)	Gibela
Boarding pass	Iphepha lokudlulisa
Boat	Isikebhe
Body	Umzimba
Book	Incwadi
Bookshop	Isitolo sezincwadi
Boots (shoes)	Amabhude
Border	Ithingo
Bored	Ukubanesithukuthezi
Boring	Kuyabora
Borrow	Boleka
Both	Kokubili
Bottle	Ibhodlela
Bottle opener (beer)	Isivula bhodlela (utjwala)
Bottle opener (corkscrew)	Isivula bhodlela (elivalwa ngesigodo)
Bottom (butt)	Isince (isince)
Bottom (on bottom)	Ngaphansi (Ngaphansi)
Bowl	Isitja
Box	Ibhokisi
Boy	Umfana
Boyfriend	Isingani
Bra	Ibra
Brave	Isibindi
Bread	Isinkwa
Break	Phula
Breakfast	Ncelisa

English	Zulu
Breathe	Umphefumulo
Bribe	Isifumbathiso
Bridge	Ibhuloho
Bring	Letha
Broken (breaking)	Kwephukile (kuyekhuka)
Brother	Ufowethu
Brown	Kunsundu
Brush	Ibrashi
Bucket	Ibhakede
Bug	Igciwane
Build	Yakha
Builder	Umakhi
Building	Ibhilidi
Burn	Shisa
Bus	Ibhasi
Bus station	Isiteshi sebhasi
Bus stop	Isiteshi sebhasi
Business	Ibhizinisi
Busy	Umatasa
But	Noko
Butter	Ibhotela
Butterfly	Uvivane
Buy	Thenga

C

Cake (wedding cake)	Ikhukhe (lomshado)
Cake (birthday cake)	Ikhekhe (losuku lokuzalwa)
Call	Biza
Call (telephone call)	Shaya (ucingo)
Camera	Ikhamera
Camp	Ikamu
Campfire	Komlilo
Campsite	Indawo yamathende
Can (have the ability)	Angakwazi (ikhona lokwenza)
Can (allowed)	Angakwazi (ukuvumeleka)

English	Zulu
Can (aluminium can)	Angakwazi
Cancel	Khansela
Candle	Ikhandlela
Candy	Iswidi
Car	Imoto
Cards (playing cards)	Amakhadi (okudlala)
Care for	Nakekela u
Carpenter	Umbazi
Carriage	Incola
Carrot	Isicade
Carry	Thwala
Cash	Imali
Cash (deposit a check)	Imali (faka isheke a bhange)
Cashier	Uthatha izimali
Castle	Castle
Cat	Ikati
Cathedral	Isonto
Celebration	Indumezulu
Cell phone	Umahlala ekhukhwini
Cemetery	Amangcwaba
Cent	Isenti
Centimeter	Isentimitha
Center	Phakathi nendawo
Cereal	Icereal
Chair	Isihlalo
Chance	Ithuba
Change	Ushintji
Change (coinage)	Shintja
Change (pocket change)	Ushintji
Changin room	Indlu yokushintjela
Chat up	Khuluma ngokubhala
Cheap	Inani eliphansi
Cheat	Ukudoja
Cheese	Ushizi
Chef	Ophekayo
Cherry	okusamathunduluka

English	Zulu
Chest (torso)	Isifuba
Chicken	Inkukhu
Child	Ingane
Children	Izingane
Chocolate	Ishokoleti
Choose	Khetha
Christmas	Ukhisimusi
Cider	Isiphuzo esivundisiwe
Cigar	Ugwayi
Cigarette	Ugwayi
City	Idolobha
City center	Phakathi nendawo edolobheni
Class (categorize)	Isigaba
Clean	Kuhlobile
Cleaning	Ukwenza kuhlobe
Climb	Khuphuka
Clock	Iwashi
Close	Vala
Close (closer)	Duze
Closed	Kuvaliwe
Clothing	Impahla
Clothing store	Isitolo sezimpahla
Cloud	Ifu
Cloudy	Lisibekele
Coast	Ugu
Coat	Ijazi
Cockroach	Iphela
Cocktail	Utjwala
Cocoa	Ikhokho
Coffee	Ikhofi
Coins	Amasiliva
Cold	Kuyabanda
College	Ikolishi
Color	Umbala
Comb	Ikamo
Come	Woza

English	Zulu
Comfortable	Ukunethezeka
Compass	Ikhompasi
Complain	Khononda
Complimentary (on the house)	Ukuthopha
Computer	Ikhompyutha
Concert	Iconcert
Conditioner (conditioning treatment)	Amafutha okuzakha
Contact lens solution	Umuthi wamalense amehlo
Contact lenses	Ama lense amehlo
Contract	Isivemelwano
Cook	Pheka
Cookie	Icebelengwane
Cool (mild temperature)	Kuyabanda
Corn	Ukolweni
Corner	Ikona
Cost	Intengo
Cotton	Ukotini
Cotton balls	Ibhola likakotini
Cough	Khwehlela
Count	Bala
Country	Izwe
Cow	Inkomo
Crafts	Imisebenzi yezandla
Crash	Ukuphahlazeka
Crazy	Okungaphile
Cream (creamy)	Kunamafutha
Cream (treatment)	Amafutha
Credit	Isikweledu
Credit card	Ikhadi lesikweledu
Cross (crucifix)	Isiphambano
Crowded	Kumpintjene
Cruise	Kupitjiziwe
Custom	Kwenzelwe wena
Customs	Umnyango wezimpahla
Cut	Juba

English	Zulu
Cycle	Shova
Cycling	Ukushova
Cyclist	Umshovi

D

Dad	Ubaba
Daily	Nsuku zonke
Dance	Dansa
Dancing	Ukudansa
Dangerous	Kuyingozi
Dark	Kumnyama
Date (important notice)	Usuku olumcoka
Date (specific day)	Usuku
Date (companion)	Ozohamba naye
Daughter	Indodakazi
Dawn	Intathakusa
Day	Usuku
Day after tomorrow	Emuva kwakusasa
Day before yesterday	Kuthangi
Dead	Kufule
Deaf	Akuzwa
Deal (card dealer)	Isivumelwano
Decide	Nquma
Deep	Kushonile
Degrees (weather)	Izinga
Delay	Bambezela
Deliver	Mikisa
Dentist	Ukulethwa
Deodorant	Okokususa iphunga lomzimba
Depart	Suka
Department store	Uhlangothi lwesitolo
Departure	Ukusuka
Departure gate	Igede lokusuka
Deposit	Faka
Desert	Ugwadule

English	Zulu
Dessert	Okokwehlisa
Details	Imininingwane
Diaper	Inabukeni lengane
Diarrhea	Uhudo
Diary	Idiary
Die	Fana
Diet	Uhla lokudla
Different	Kwehlukile
Difficult	Kulukhuni
Dinner	Idina
Direct	Kucondekhona
Direction	Ukucondisa
Dirty	Kuncolile
Disaster	Isihlakalo
Disabled	Ukhubazekile
Dish	Indishi
Diving	Ntjweza
Dizzy	Isiyezi
Do	Yenza
Doctor	Udokotela
Dog	Inja
Door	Isivalo
Double	Kubili
Double bed	Umbede owababili
Double room	Indlu ekabili
Down	Phansi
Downhill	Phansi entabeni
Dream	Iphupho
Dress	Ingubo
Drink (cocktail)	Isiphuzo
Drink (beverage)	Uphuzo
Drink	Phuza
Drive	Shayela
Drums	Izigubhu
Drunk	Udakiwe
Dry	Komile

English	Zulu
Dry (warm up)	Komise
Duck	Idada

E

Each	Eyodwa
Ear	Indlebe
Early	Kungakefiki isikhathi
Earn	Thola
East	Empumalanga
Easy	Kumalula
Eat	Dlani
Education	Imfundo
Egg	Icanda
Electricity	Ugesi
Elevator	Ikheshi
Embarrassed	Ukuhlaseka
Emergency	Kuyashesha
Empty	Akunalutho
End	Isigcino
English	ISingisi
Enjoy (enjoying)	Zithokozise
Enough	Kwanele
Enter	Ngena
Entry	Ukungena
Escalator	Izitebhisi ezizihambelayo
Euro	Imali yase Europe
Evening	Ebusuku
Every	Konke
Everyone	Wonkewonke
Everything	Konke
Exactly	Njengokuba
Exit	Phuma
Expensive	Kubizakakhulu
Experience	Ozozwele kona
Eyes	Amehlo

English	Zulu

F

English	Zulu
Face	Ubuso
Fall (autumnal)	Ukuwa
Fall (falling)	Ukuwa
Family	Umndeni
Famous	Usaziwayo
Far	Kude
Fare	Ukubiza kwemali
Farm	Ipulazi
Fast	Masinya
Fat	Isidudla
Feel (touching)	Yizwa
Feelings	Imizwa
Female	Owesifazane
Fever	Ukuchucha
Few	Okuncane
Fight	Lwani
Fill	Gcwalisa
Fine	Isijeziso
Finger	Ugalo
Finish	Ceda
Fire (heated)	Umlilo
First	Okokucala
First-aid kit	Izinto zosizo lokucala
Fish	Inhlanzi
Flat	Kubekile
Floor (carpeting)	Phansi endlini
Floor (level)	Isiyilo
Flour	Uflawa
Flower	Imbhali
Fly	Ndiza
Foggy	Kunenkungu
Follow	Landela
Food	Ukudla

English	Zulu
Foot	Unyawo
Forest	Ihlathi
Forever	Phakade
Forget	Khohlwa
Fork	Imfologo
Foul	Ukudlala kabi
Fragile	Okuyincelencele
Free (at liberty)	Ngokukhululeka
Free (no cost)	Akukhokhelwa
Fresh	Kusha
Fridge	Ifrigi
Friend	Umngani
From	Kusukela
Frost	Ichwa
Fruit	Isithelo
Fry	Gazinga
Frying pan	Ipani lokugazinga
Full	Kugcwele
Full-time	Isikhathi esigcwele
Fun	Kuyakitaza
Funny	Kuyahlekisa
Furniture	Ifenisha
Future	Ikusasa

G

Game (match-up)	Umdlalo
Game (event)	Umdlalo
Garbage	Udodi
Garbage can	Umgcoma kadodi
Garden	Ingade
Gas (gasoline)	Amafutha
Gate (airport)	Igede
Gauze	Itjalo
Get	Thola
Get off (disembark)	Yehlika

English	Zulu
Gift	Isipho
Girl	Udade
Girlfriend	Intombi
Give	Nika
Glass	Iglass
Glasses (eyeglasses)	Izibuko
Gloves	Amagloves
Glue	Okokunamathelisa
Go (walk)	Hamba
Go (drive)	Hamba
Go out	Phumela phandle
God (deity)	uNkulunkulu
Gold	Igolide
Good	Kuhle
Government	Uhulumeni
Gram	Igremu
Granddaughter	Umzukulu
Grandfather	Umkhulu
Grandmother	Ugogo
Grandson	Umzukulu
Grass	Utjani
Grateful	Ukuzibongela
Grave	Idliza
Great (wonderful)	Kukhulu
Green	Kuluhlaza
Grey	Mpunga
Grocery	Ezokudla izinto
Grow	Khula
Guaranteed	Isiciniseko
Guess	Qagela
Guilty	Isazela
Guitar	Igitali
Gun	Isibhamu
Gym	Indawo yokuzivocavoca

English	Zulu

H

English	Zulu
Hair	Izinwele
Hairbrush	Ibrashi lezinwele
Haircut	Ukujojwa lwezinwele
Half	Ingxenye / isigamu
Hand	Isandla
Handbag	Isikhwama sesandla
Handkerchief	Imfaduku
Handmade	Okwakhiwe ngesandla
Handsome	Ilikhwa
Happy	Ujabule
Hard (firm)	Kucinile
Hard-boiled	Kubilisiwe kuze kome
Hat	Isigcoko
Have	Unako
Have a cold	Ukugula ngamakhaza
Have fun	Ukuzichaza
He	Yena
Head	Ikhanda
Headache	Inhloko ebuhlungu
Headlights	Amalambu angaphambili
Health	Isimo sokuphila
Hear	Izwa
Heart	Inhiziyo
Heat	Ukushisa
Heated	Kushisisiwe
Heater	Okokushisisa
Heavy	Kuyesinda
Helmet	Umakalabha
Help	Usizo
Her (hers)	Owesimame
Herb	Amakhathakhatha
Herbal	Okwamakhathakhatha
Here	Lapha

English	Zulu
High (steep)	Kuphakeme
High school	Isikole semfundo ephakeme
Highway	Umgwaco owu thela wayeka
Hike	Ukushaywa umoya
Hiking	Ukucela ozokupha okokuhamba
Hill	Intanba
Hire	Ukucasha
His	Okwakhe
History	Umlando
Holiday	Iholide
Holidays	Amaholide
Home	Ikhaya
Honey	Uju
Horse	Ihhashi
Hospital	Isibhedlela
Hot	Kuyashisa
Hot water	Amanzi ashisayo
Hotel	Ihhotela
Hour	Ihora
House	Indlu
How	Kanjani
How much	Kangakanani
Hug	Yanga
Humid	Kumathile
Hungry (famished)	Ulambhile
Hurt	Limele
Husband	Umkhwenyana

I

Ice	Iqhwa
Ice cream	Iice cream
Identification	Ukutholakala
ID card	Ikhadi likamazisi
Idiot	Isilima
If	Uma

English	Zulu
Ill	Ngizo
Important	Kubalulekile
Impossible	Kungenzeke
In	Ku
(be) in a hurry	Phuthuma
In front of	Phambi kwe
Included	Wawuhlanganisa
Indoor	Phakathi endlini
Information	Ulwazi
Ingredient	Isithako
Injury	Ukulimala
Innocent	Akungabi nacala
Inside	Phakatsi
Interesting	Kuyathakazisa
Invite	Mema
Island	Isiqhingi
It	Kona
Itch	Kuyalima

J

Jacket	Isikhwehle
Jail	Ijele
Jar	Ijeke
Jaw	Umhlathi
Jeep	Umjibhi
Jewelry	Ubucwebe
Job	Umsebenzi
Jogging	Ukujima
Joke	Ihlaya
Juice	Inamnede
Jumper (cardigan)	Okokugcoka kwawomame

K

Key	Isikhiya

English	Zulu
Keyboard	Ikeyboard
Kilogram	Ikilogram
Kilometer	Ikilometer
Kind (sweet)	Uhlobo
Kindergarten	Isikole sokucalisa ingane
King	Inkosi
Kiss	Ukucabula (noun)
Kiss	Cabula (verb)
Kitchen	Ikhishi
Knee	Idolo
Knife	Umukhwa
Know	Yazi

L

Lace	Indwangu ebonakalisayo
Lake	Isichingi
Land	Umhlaba
Language	Ulimi
Laptop	Ichibi
Large	Kukhulu
Last (finale)	Okokugcina
Last (previously)	Okwedlule
Law (edict)	Umthetho
Lawyer	Ummeli
Lazy	Uyavilapha
Leader	Umholi
Learn	Funda
Leather	Isikhumba
Left (leftward)	Ngakwesokhohlo
Leg	Umlenze
Legal	Kusemthetweni
Lemon	Ilamula
Lemonade	Unamnede kalamula
Lens	Ilense
Lesbian	Isitabani

English	Zulu
Less	Ngokuncishisiwe
Letter (envelope)	Incwadi
Lettuce	Ilettuce
Liar	Umcambhi manga
Library	Umtapo
Lie (lying)	Amanga
Lie (falsehood)	Amanga
Life	Impilo
Light	Ukukhanya
Light (pale)	Ukukhanya kombala
Light (weightless)	Kulula
Light bulb	Ilambu lokukhanyisa
Lighter (ignited)	Okokulumeka
Like	Thanda
Lime	Ithunyela
Lips	Izindebe
Lipstick	Okokugcobisa umlomo
Liquor store	Isitholo sotjwala
Listen	Lalela
Little (few)	Okuncane
Little (tiny)	Okuncane
Live (occupy)	Hlala
Local	Okwalapha
Lock	Khiya
Locked	Kukhiyiwe
Long	Kude
Look	Bheka
Look for	Funa utho
Lose	Kuchachekile
Lost	Kulahlekile
(A) Lot	Okuningi
Loud	Kunomsindo
Love	Thanda
Low	Phansi
Luck	Inhlanhla
Lucky	Unehlanhla

English	Zulu
Luggage	Umthwalo
Lump	Isigadla
Lunch	Ukudla kwasemini
Luxury	Ukuzithokozisa

M

Machine	Umshina
Magazine	Imagazine
Mail (mailing)	Izincwadi
Mailbox	Ibhokisi lezincwadi
Main	Okumcoka
Mainroad	Umgwaco omcoka
Make	Yakha
Make-up	Ukuzakha
Man	Indoda
Many	Kuningi
Map	Imap
Market	Imakethe
Marriage	Umshado
Marry	Shada
Matches (matchbox)	Umetjiso
Mattress	Umatalasi
Maybe	Kumbe
Me	Mina
Meal	Ukudla
Meat	Inyama
Medicine (medicinals)	Umuthi
Meet	Hlangana
Meeting	Umhlangano
Member	Ilunga
Message	Umlayezo
Metal	Insimbi
Meter	Imeter
Microwave	Imicrowave
Midday	Emini bebade

English	Zulu
Midnight	Phakathi nobusuku
Military	Amasotja
Milk	Ubisi
Millimeter	Imillimeter
Minute (moment)	Umzizu
Mirror	Isibuko
Miss (lady)	Mame
Miss (mishap)	Ukugeja
Mistake	Iphutha
Mobile phone	Umahlala ekhukwini
Modern	Simanjemanje
Money	Imali
Month	Inyanga
More	Okungezekile
Morning	Ekuseni
Mosquito	Umdozolo
Motel	Ihhotela
Mother	Mame
Mother-in-law	Ugogo
Motorbike	Isidududu
Motorboat	Isikebhe esinenjini
Mountain	Intaba
Mountain range	Izintaba eziqhumene
Mouse	Igundane
Mouth	Umlomo
Movie	Imovie
Mr.	Mnumzane
Mrs./Ms	Nkosikazi
Mud	Udaka
Murder	Ukubulala
Muscle	Imasela
Museum	Emsamo
Music	Umculo
Mustard	Isinaphi
Mute	Thula
My	Okwami

English	Zulu

N

English	Zulu
Nail clippers	Okokujuba izingalo
Name (moniker)	Igama
Name (term)	itemu
Name (surname)	Isibongo
Napkin	Inabukeni
Nature	Indalo
Nausea	Ukuzwisa isidingo soluhlanza
Near (close)	Maduzane
Nearest	Okuduze kunokunye
Necessity	Kudingekile
Neck	Intamo
Necklace	Ucu
Need	Isidingo
Needle (stitch)	Inyalithi
Negative	Okuphikisayo
Neither...nor...	Okukona....noma....
Net	Inethi
Never	Ungacali
New	Okusha
News	Izindaba
Newspaper	Iphephandaba
Next (ensuing)	Okulandelayo
Next to	Maduzane ne
Nice	Kuhle
Nickname	Igama lokudlala
Night	Ubusuku
Nightclub	Indawo yokuzithokozisa ebusuku
No	Chabo
Noisy	Umsindo
None	Akukhonto
Nonsmoking	Akubhenywa
Noon	Emini bebade
North	Enyakatho

English	Zulu
Nose	Ikhala
Not	Chabo
Notebook	Ibhukwana lokubhalela
Nothing	Akunalutho
Now	Manje
Number	Inombolo
Nurse	Unesi
Nut	Icebunga

O

Ocean	Ulwandle
Off (strange)	Akuphili
Office	Ihhovisi
Often	Ngokuphindaphinda
Oil (oily)	Ioyili
Old	Kudala
On	Kulunyekiwe
On time	Ngesikhathi
Once	Kanye
One	Kunye
One-way	Ndlelanye
Only	Kuphela
Open	Kuvuliwe
Operation (process)	Ukusebenza kwento
Operator	Umlawuli
Opinion	Umcondo
Opposite	Mabukana
Or	Noma
Orange (citrus)	Iwolintji
Orange (color)	Umbala osaolintji
Orchestra	iorchestra
Order	Indlela thize
Order	Imyalo (similar to instruction)
Ordinary	Okujwayelekile
Original	Okwangempela

English	Zulu
Other	Okunye
Our	Okwethu
Outside	Ngaphandle
Oven	Ihhondi
Overnight	Ubusuku bonke
Overseas	Ngaphesheya kwezilwandle
Owner	Umnikazi
Oxygen	Umoya wokuphefumula

P

Package	Iphakethe
Packet	Iphokethe
Padlock	Inkanankana
Page	Ikhasi
Pain	Ubuhlungu
Painful	Kubuhlungu
Painkiller	Iphilisi lobuhlungu
Painter	Umapendane
Painting (canvas)	Umdwebo
Painting (the art)	Umdwebo
Pair	Okubili
Pan	Ipani
Pants (slacks)	Ibhuluko
Paper	Iphepha
Paperwork	Umsebenzi osephepheni
Parents	Abazali
Park	Indawo yokuphumula
Park (parking)	Indawo yokupaka
Part (piece)	Inxenye
Part-time	Ngokungephelele
Party (celebration)	Umximbi
Party (political)	Inxenye
Pass	Phumelela
Passenger	Umgibeli
Passport	Ipassort

English	Zulu
Past (ago)	Imuva
Path	Indlela
Pay	Khokha
Payment	Imbhadalo
Peace	Ukuthula
Peach	Impentjisi
Peanut	Intongomane
Pear	Igina ndoda
Pedal	Isitibili
Pedestrian	Ohamba ngezinyawo
Pen	Ipen
Pencil	Ipensela
People	Abantu
Pepper (peppery)	Upelepele
Per	Ngoku
Per cent	Inxenye ekhulwini
Perfect	Akusoleki
Performance	Ukusebenza ngokubhekekile
Perfume	Amakha
Permission (permit)	Ilungelo
Person	Umuntu
Petrol	Upetroli
Petrol station	Isiteshi sikaphetroli
Pharmacy	Ikhemisi
Phone book	Ibhuku lezinombolo zocingo
Photo	Isithombe
Photographer	Umthebuli zithombe
Pigeon	Umdlwane wengulube
Pie	Ipie
Piece	Ucezu
Pig	Ingulube
Pill	Iphilisi
Pillow	Umcamelo
Pillowcase	Isikhwama somcamelo
Pink	Pinki
Place	Indawo

English	Zulu
Plane	Indiza
Planet	Iplanet
Plant	Isithombo
Plastic	Iplastiki
Plate	Ipledi
Play (strum)	Dlala
Play (theatrical)	Umdalo weseshashalazini
Plug (stopper)	Faka
Plug (socket)	Ipulaki
Plum	Ipulamu
Pocket	Iphokethe
Point	Khomba
Poisonous	Kuyabulala
Police	Iphoyisa
Police officer	Iphoyisa
Police station	Isiteshi samaphoyisa
Politics	Ipolitiki
Pollution	Kungcolisekile
Pool (basin)	Idamu
Poor	Uqhakile
Popular	Usaziwayo
Pork	Inyama yengulube
Port (dock)	Imbobo
Positive	Ngokusekelayo / Ngokuvumelanayo
Possible	Kungenzeka
Postcard	Iposikhadi
Post office	Iposi
Pot (kettle)	Ibhodo
Potato	Izambane
Pottery	Umbumbi
Pound (ounces)	Isisindo sephawundi
Poverty	Ubumpofu
Powder	Impuphu
Power	Amandla
Prayer	Umkhuleko
Prefer	Nconoza

English	Zulu
Pregnant	Ukuzethwala
Prepare	Lungiselela
Prescription	Ukunikezwa Imvume Yokuthola Umuthi
Present (treat)	Isipho
Present (now)	Manje
President	Umongameli
Pressure	Cindezela
Pretty	Kuhle
Price	Intengo
Priest	Umphristi
Printer (printing)	Iprinter
Prison	Ijele
Private	Kufihlakele
Produce	Khiciza
Profit	Inzuzo
Program	Uhlelo
Promise	Isethembiso
Protect	Vikela
Pub	Indawo yesiphuzo
Public toilet	Indlu yangasese yesizwe
Pull	Donsa
Pump	Ipump
Pumpkin	Ithanga
Pure	Akusoleki
Purple	Upuphuli
Purse	Isikhwanyana
Push	Fuca
Put	Beka

Q

Quality	Izinga eliphakeme
Quarter	Inxenye kokune
Queen	Indlovukazi
Question	Umbuzo

English	Zulu
Queue	Ilayini
Quick	Masinya
Quiet	Thula
Quit	Yeka

R

Rabbit	Unogwaja
Race (running)	Umcintiswano
Radiator	Iradiator
Radio	Umsakazo
Rain	Imvula
Raincoat	Ijazi lemvula
Rare (exotic)	Akuvamile
Rare (unique)	Akuvamile
Rash	Phuthuma
Raspberry	Isithelo seraspberry
Rat	Igundane
Raw	Akukaphekwa
Razor	Ilezane
Read	Funda
Reading	Uyafunda
Ready	Ulungele
Rear (behind)	Ngemuva
Reason	Isizathu
Receipt	Irisithi
Recently	Kudemaduze
Recomment	Ncoma
Record (music)	Qopha
Recycle	Sebenzisa kabusha
Red	Kubomvu
Refrigerator	Ifridge
Refund	Phidisela imali
Refuse	Yala
Regret	Ukuzisola
Relationship	Ubudlelwano

English	Zulu
Relax	Khululeka
Relic	Okungaphelelwa yisikhathi
Religion	Inkolo
Religious	Okokukholwa
Remote	Akufikeki kuko
Rent	Renta
Repair	Khanda
Reservation (reserving)	Ukugodla
Rest	Konke
Restaurant	Indawo yokudlela
Return (homecoming)	Buyisela
Return (returning)	Buyisela
Review	Hlola kabusha
Rhythm	Isigci
Rib	Ubambo
Rice	Iriyisi
Rich (prosperous)	Ucebile
Ride	Khwela
Ride (riding)	Khwela
Right (appropriate)	Kulungile
Right (rightward)	Ngakwesokunene
Ring (bauble)	Indingilizi
Ring (ringing)	Ukuncencetha
Rip-off	Cutha
River	Umfula
Road	Umgwaco
Rob	Robha
Robbery	Ukurobha
Rock	Idwala
Romantic	Isimo socansi
Room (accommodation)	Ikamelo
Room (chamber)	Indlu
Room number	Inombholo yekamelo
Rope	Intambo
Round	Indingilizi
Route	Imzila

English	Zulu
Rug	Ingubo
Ruins	Amanxiwa
Rule	Umthetho
Rum	Iramu
Run	Gijima

S

Sad	Akajabulile
Safe	Kuphephile
Salad	Isaladi
Sale (special)	Amanani aphansi
Sales tax	Intela
Salmon	Inhlanzi
Salt	Utswayi
Same	Kuyafana
Sand	Isihlabathi
Sandal	Incabule
Sauce	Isithako
Saucepan	Ipani
Sauna	Isifutho
Say	Shono
Scarf	Isikafu
School	Isikole
Science	Isayensi
Scientist	Usosayensi
Scissors	Isikelo
Sea	Ulwandle
Seasickness	Ukugula okubangelwa ukuhamba ngomkhumbi
Season	Isikhathi
Seat	Isitulo
Seatbelt	Ibhande lesitulo
Second (moment)	Umzuzu
Second	Okwesibili
See	Bheka

English	Zulu
Selfish	Sobugovu
Sell	Thengisa
Send	Thumela
Sensible	Kunomcondo
Sensual	Ukunenkanuko
Seperate	Hlukanisa
Serious	Ukuzimisela
Service	Usizo
Several	Amahladla
Sew	Wathunga
Sex	Ucansi
Sexism	Ezocansi
Sexy	Kunobucansi
Shade (shady)	Kenethunzi
Shampoo	Umafutha enhloko
Shape	Ijamo
Share (sharing)	Hlephulela
Share (allotment)	Hlephulela
Shave	Shefa
Shaving cream	Umuthi wokushefa
She	Owesimame
Sheet (linens)	Ishidi
Ship	Umkhumbi
Shirt	Ishethi
Shoes	Isicathulo
Shoot	Dubula
Shop	Thenga
Shop	Isitolo
Shopping center	Indawo yezitolo
Short (low)	Kifisha
Shortage	Kuyashoda
Shorts	Isikhundi
Shoulder	Ihlombe
Shout	Memeza
Show	Khombisa
Show	Khomba

English	Zulu
Shower	Ishower
Shut	Vala
Shy	Amahloni
Sick	Ukugula
Side	Icele
Sign	Uphawu
Sign (signature)	Sayina
Signature	Lapho kusayinwe khona
Silk	Isicabucaku
Silver	Isiliva
Similar	Kuyafana
Simple	Kulula
Since	Kusukela
Sing	Cula
Singer	Umculi
Single (individual)	Ongayedwa
Sister	Usisi
Sit	Hlala
Size (extent)	Usayizi
Skin	Isikhumba
Skirt	Isiketi
Sky	Isibhakabhaka
Sleep	Lala
Sleepy	Uyezela
Slice	Coba
Slow	ukungajahi
Slowly	Ngokungajahi
Small	Okuncane
Smell	Nukisa
Smile	Mamatheka
Smoke	Bhema
Snack	Umthamo
Snake	Inyoka
Snow	Ichwa
Soap	Insipho
Socks	Amasokisi

English	Zulu
Soda	Isoda
Soft-drink	Inamnedi
Some	Abanye
Someone	Omunye
Something	Okuthile
Son	Indodana
Song	Ingoma
Soon	Masinya
Sore	Kuvuvukile
Soup	Isobho
South	isouth
Specialist	Uchwephesha
Speed (rate)	Ijubane (esibekiwe)
Spinach	Imbhido
Spoiled (rotten)	Kubolile
Spoke	Wakhuluma
Spoon	Isipuno
Sprain	Kubhunyikile
Spring (prime)	Sukuma ngamandla
Square (town center)	Phakathi nendawo
Stadium	Inkundla
Stamp	Isitembu
Star	Inkanyezi
Star sign	Inkanyezi yenhlanhla
Start	Calisa
Station	Isiteshi
Statue	Isiteshu
Stay (sleepover)	Ungahambi
Steak	Inyama
Steal	Intsimbi
Steep	Iwa
Step	Isitebhisi
Stolen	Kwetjiwe
Stomach	Isisu
Stomach ache	Isisu esibuhlungi
Stone	Itje

English	Zulu
Stop (station)	Indawo yokuma
Stop (halt)	Mana
Stop (avoid)	Vikela
Storm	Isiphepho
Story	Indaba
Stove	Isitofu
Straight	Kucondile
Strange	Akujwayelekile
Stranger	Akaziwa
Strawberry	Istrawberry
Street	Isitaladi
String	Intanjana
Stroller	Istroller
Strong	Kunamandla
Stubborn	Akuzwa
Student	Umfundi
Studio	Istudio
Stupid	Ulibele
Suburb	Izakhiwo maduzane nedolobha
Subway (underground)	Indawo yokuhamba engaphansi komhlaba
Sugar	Ushukela
Suitcase	Ibhokisi lezimpahla
Summer	Ihlobo
Sun	Ilanga
Sun block	Amafutha okuvimba ukushiswa yilanga
Sunburn	Ukushiswa yilanga
Sunglasses	Izibuko zelanga
Sunny	Libalele
Sunrise	Ukuphuma kwelanga
Sunset	Ukushona kwelanga
Supermarket	Isupermarket
Surf	Ntjweza
Surprise	Ukumangala
Sweater	Ijezi

English	Zulu
Sweet	Ukufoma
Swelling	Kuyavuvuka
Swim	Bhukuda
Swiming pool	Idamu lokubhukuda
Swimsuit	Impahla yokubhukuda

T

Table	Itafula
Tablecloth	Indwango yetafula
Tall	Mude
Take	Thabatha
Take photos	Thatha izithombe
Talk	Khuluma
Tap	Impompi
Tap water	Impompi yamanzi
Tasty	Kumnandi
Tea	Itiya
Teacher	Tishela
Team	Ithimba
Teaspoon	Isipuno esincane
Teeth	Amazinyo
Telephone	Ucingo
Television	Umabonakude
Tell	Tjela
Temperature (feverish)	Ukugula ngokushisa okwecile
Temperature (degrees)	Izinga lokushisa
Terrible	Kubi kakhulu
Thank	Bonga
That (one)	Loko
Theater	Indlu youkubukelisa
Their	Kwabo
There	Khona lapho
Thermometer	Isikali sokushisa
They	Bona
Thick	Kukhulu

English	Zulu
Thief	Isela
Thin	Ithini
Think	Cabanga
Third	Okwesithathu
Thirsty (parched)	Ngomile
This (one)	Loku
Throat	Umphombo
Ticket	Ithikithi
Tight	Kucinile
Time	Isikhathi
Time difference	Umehluko ngesikhathi
Tin (aluminium can)	Ikani
Tiny	Okuncanyana
Tip (tipping)	Isibongwana
Tire	Dinwa
Tired	Udiniwe
Tissues	Iphepha
To	Futhi
Toast (toasting)	Chonca
Toaster	Into wokucocobalisa
Tobacco	Ugwayi
Today	Namhlanje
Toe	Utwane
Together	Kanyakanye
Toilet	Indlu yangasese
Toilet paper	Iphepha lokusula
Tomato	Itamati
Tomorrow	Kusasa
Tonight	Namhlanje ebusuku
Too (additionally)	Naloku
Too (excessively)	Kakhulu
Tooth	Izinyo
Toothbrush	Ibhushi lokugeza amazinyo
Toothpaste	Okokugeza amazinyo
Touch	Thinta
Tour	Uhambo

English	Zulu
Tourist	Isivakashi
Towards	Kuyangakhona
Towel	Ithawula
Tower	Umbhoshongo
Track (pathway)	Indlela
Track (racing)	Ulayini
Trade (trading)	Ezohwebo
Trade (career)	Uhwebo
Traffic	Itraffic
Traffic light	Ilambu letraffic
Trail	Umugqa
Train	Uloliwe
Train station	Isiteshi sikaloliwe
Tram	Incola
Translate	Humusha
Translation	Ihumusho
Transport	Okokuhamba
Travel	Uhambo
Tree	Isihlahla
Trip (expedition)	Uhambo
Truck	Iloli
Trust	Themba
Try (trying)	Ukuzama
Try (sip)	Kuzwe
T-shirt	Ishethi
Turkey	Igalukuni
Turn	Phenduka
TV	Umabonakude
Tweezers	Ama tweezers
Twice	Kabili
Twins	Amawele
Two	Kubili
Type	Inhlobo
Typical	Kubhekekile

English	Zulu

U

Umbrella	Isambulelo
Uncomfortable	Ukungakhululeli
Understand	Conda
Underwear	ubhulukwana
Unfair	Akulungile
Until	Koze kube
Unusual	Akuvamile
Up	Khuphuka
Uphill	Khuphuka intaba
Urgent	Ngokushesha
Useful	Kunosizo

V

Vacation	Iholide
Valuable	Kuwusizo
Value	Usizo
Van	Imoto yogembezi
Vegetable	Isibhido
Vegeterian	Odla izibhido kuphela
Venue	Indawo yokuhlanganela
Very	Kakhulu
Video recorder	Umshini wokutwebula ivideo
Village	Umzana
Vinegar	Ivinigar
Virus	Igciwane
Visit	Hambhela
Visit	Vakasha
Voice	Izwi
Vote	Vota

English	Zulu

W

Wage	Iholo
Wait	Ima
Waiter	Uweta
Waiting room	Indlu yokuma
Wake (someone) up	Vuka
Walk	Hamba
Want	Ufuna
War	Impi
Wardrobe	Okokubebeka izimpahla
Warm	Kufudumele
Warn	Xwayisa
Wash (bathe)	Geza
Wash (scrub)	Washa
Wash cloth	Washa izimpahla
Washing machine	Umshina wokuwasha
Watch	Bheka
Watch	Iwashi
Water	Amanzi
Water bottle	Ibhodlela lamanzi
Watermelon	Ihhwabha
Waterproof	Akungenwa ngamanzi
Wave	Igagasi
Way	Indela
We	Thina
Wealthy	Ucebile
Wear	Gqoka
Weather	Isimo sezulu
Wedding	Umshado
Week	Iviki
Weekend	Impelasonto
Weigh	Hlola isisindo
Weight	Isisindo
Weights	Izisindo

English	Zulu
Welcome	Wamukelekile
Well	Uphilile
West	Entjonalanga
Wet	Kumanzi
What	Ini
Wheel	Isondo
Wheelchair	Isitulo sabakhubazekile
When	Nini
Where	Kuphi
Which	Kuphi
White	Mhlophe
Who	Ubani
Why	Leni
Wide	Banzi
Wife	Umfazi
Win	Wina
Wind	Umoya
Window	Ifasitelo
Wine	Iwayini
Winner	Owinile
Winter	Ubusika
Wish	Ufisa
With	Nge
Within (until)	Ngaphakathi
Without	Ngaphandle kwako
Wonderful	Kuyamangalisa
Wood	Isigodo
Wool	Uboya
Word	Igama
Work	Sebenza
World	Umhlaba
Worried	Ukhathazekile
Wrist	Esihlakaleni
Write	Bhala
Writer	umbhali
Wrong	Akulungile

English	Zulu

Y

Year	Unyaka
Years	Iminyaka
Yes	Yebo
Yesterday	Izolo
(Not) yet	Nokho
You	Wena
You	Wena
Young	Okuncane
Your	Okwakho

Z

Zipper	Uziphu
Zoo	Indawo yokugcina izilwane
Zucchini	Isibhido sethanga elincane

b. Zulu to English

Zulu	English

A

Zulu	English
Abadlali (bomculo)	Band (musician)
Abafikayo	Arrivals
Abantu	People
Abanye	Some
Abazali	Parents
Akajabulile	Sad
Akaziwa	Stranger
Akhawunti	Account
Akubhenywa	Nonsmoking
Akufikeki kuko	Remote
Akujwayelekile	Strange
Akukaphekwa	Raw
Akukhokhelwa	Free (no cost)
Akukhonto	None
Akulungile	Unfair
Akulungile	Wrong
Akunalutho	Empty
Akunalutho	Nothing
Akungabi nacala	Innocent
Akungenwa ngamanzi	Waterproof
Akuphili	Off (strange)
Akusoleki	Perfect
Akusoleki	Pure
Akuthandeki	Awful
Akuvamile	Rare (exotic)
Akuvamile	Rare (unique)
Akuvamile	Unusual
Akuzwa	Deaf
Akuzwa	Stubborn
Ama lense amehlo	Contact lenses
Ama tweezers	Tweezers

Zulu	English
Amabhude	Boots (shoes)
Amafutha	Cream (treatment)
Amafutha	Gas (gasoline)
Amafutha okuvimba ukushiswa yilanga	Sun block
Amafutha okuzakha	Conditioner (conditioning treatment)
Amagloves	Gloves
Amahladla	Several
Amahloni	Shy
Amaholide	Holidays
Amakha	Perfume
Amakhadi (okudlala)	Cards (playing cards)
Amakhathakhatha	Herb
Amalambu angaphambili	Headlights
Amanani aphansi	Sale (special)
Amandla	Power
Amanga	Lie (lying)
Amanga	Lie (falsehood)
Amangcwaba	Cemetery
Amanxiwa	Ruins
Amanzi	Water
Amanzi ashisayo	Hot water
Amasiliva	Coins
Amasokisi	Socks
Amasotja	Military
Amawele	Twins
Amazinyo	Teeth
Amehlo	Eyes
Angakwazi	Can (aluminium can)
Angakwazi (ikhona lokwenza)	Can (have the ability)
Angakwazi (ukuvumeleka)	Can (allowed)
ATM	ATM

Zulu	English

B

Zulu	English
Bala	Count
Bambezela	Delay
Banzi	Wide
Beka	Put
Bhala	Write
Bheka	Look
Bheka	See
Bheka	Watch
Bhema	Smoke
Bhukuda	Swim
Biza	Call
Boleka	Borrow
Bona	They
Bonga	Thank
Bopha	Arrest
Buyisela	Return (homecoming)
Buyisela	Return (returning)
Buza (umbuzo)	Ask (questinoning)

C

Zulu	English
Cabanga	Think
Cabula (verb)	Kiss
Calisa	Start
Castle	Castle
Ceda	Finish
Cela (isicelo)	Ask (request)
Chabo	No
Chabo	Not
Chonca	Toast (toasting)
Cindezela	Pressure
Coba	Slice
Conda	Understand

Zulu	English
Cula	Sing
Cutha	Rip-off

D

Dansa	Dance
Dinwa	Tire
Dlala	Play (strum)
Dlani	Eat
Donsa	Pull
Dubula	Shoot
Duze	Close (closer)

E

E/Ku	At
Ebhishi	Beach
Ebusuku	Evening
Eceleni	Beside
Edlule	Ago
Ekamelweni	Bedroom
Ekuseni	Morning
Emini bebade	Midday
Emini bebade	Noon
Empumalanga	East
Emsamo	Museum
Emuva kwakusasa	Day after tomorrow
Entjonalanga	West
Enyakatho	North
Esihlakaleni	Wrist
Eyodwa	Each
Ezocansi	Sexism
Ezohwebo	Trade (trading)
Ezokudla izinto	Grocery

Zulu	English

F

Zulu	English
Faka	Deposit
Faka	Plug (stopper)
Fana	Die
Fika	Arrive
Fuca	Push
Funa utho	Look for
Funda	Learn
Funda	Read
Futhi	To

G

Zulu	English
Gazinga	Fry
Gcwalisa	Fill
Geza	Wash (bathe)
Geza	Bath
Gibela	Board (climb aboard)
Gijima	Run
Gqoka	Wear

H

Zulu	English
Hamba	Go (drive)
Hamba	Walk
Hamba	Go (walk)
Hambhela	Visit
Hlala	Live (occupy)
Hlala	Sit
Hlangana	Meet
Hlephulela	Share (sharing)
Hlephulela	Share (allotment)
Hlola isisindo	Weigh
Hlola kabusha	Review

Zulu	English
Hlukanisa	Seperate
Humusha	Translate

I

Iaccount yasebhange	Bank account
Iadaptha	Adapter
Iantique	Antique
Ibhakede	Bucket
Ibhande lesitulo	Seatbelt
Ibhandishi	Bandage
Ibhandishi lezinda	Band-Aid
Ibhange	Bank
Ibhasi	Bus
Ibhaskidi	Basket
Ibhayisikili	Bicycle
Ibhilidi	Building
Ibhizinisi	Business
Ibhodlela	Bottle
Ibhodlela lamanzi	Water bottle
Ibhodo	Pot (kettle)
Ibhokisi	Box
Ibhokisi lezimpahla	Suitcase
Ibhokisi lezincwadi	Mailbox
Ibhola	Ball (sports)
Ibhola likakotini	Cotton balls
Ibhotela	Butter
Ibhuku lezinombolo zocingo	Phone book
Ibhukwana lokubhalela	Notebook
Ibhuloho	Bridge
Ibhuluko	Pants (slacks)
Ibhushi lokugeza amazinyo	Toothbrush
Ibill	Bill (bill of sale)
Ibra	Bra
Ibrashi	Brush
Ibrashi lezinwele	Hairbrush

Zulu	English
Icanda	Egg
Icebelengwane	Cookie
Icebunga	Nut
Icele	Side
Icereal	Cereal
Ichibi	Laptop
Ichwa	Frost
Ichwa	Snow
Icolo (umzimba)	Back (body)
Iconcert	Concert
Idada	Duck
Idamu	Pool (basin)
Idamu lokubhukuda	Swiming pool
Idiary	Diary
Idina	Dinner
Idliza	Grave
Idolo	Knee
Idolobha	City
Idwala	Rock
Ifasitelo	Window
Ifenisha	Furniture
Ifridge	Refrigerator
Ifrigi	Fridge
Ifu	Cloud
Igagasi	Wave
Igalukuni	Turkey
Igama	Name (moniker)
Igama	Word
Igama lokudlala	Nickname
Igazi	Blood
Igciwane	Virus
Igciwane	Bug
Igede	Gate (airport)
Igede lokusuka	Departure gate
Igina ndoda	Pear
Igitali	Guitar

Zulu	English
Iglass	Glass
Igolide	Gold
Igremu	Gram
Igundane	Mouse
Igundane	Rat
Ihhabhula	Apple
Ihhashi	Horse
Ihhondi	Oven
Ihhotela	Motel
Ihhotela	Hotel
Ihhovisi	Office
Ihhwabha	Watermelon
Ihlathi	Forest
Ihlaya	Joke
Ihlobo	Summer
Ihlombe	Shoulder
Iholide	Holiday
Iholide	Vacation
Iholo	Wage
Ihora	Hour
Ihumusho	Translation
Iice cream	Ice cream
Ijamo	Shape
Ijazi	Coat
Ijazi lemvula	Raincoat
Ijeke	Jar
Ijele	Jail
Ijele	Prison
Ijezi	Sweater
Ijubane (esibekiwe)	Speed (rate)
Ikamelo	Room (accommodation)
Ikamo	Comb
Ikamu	Camp
Ikani	Tin (aluminium can)
Ikati	Cat
Ikeyboard	Keyboard

Zulu	English
Ikhadi lesikweledu	Credit card
Ikhadi likamazisi	ID card
Ikhala	Nose
Ikhamera	Camera
Ikhanda	Head
Ikhandlela	Candle
Ikhasi	Page
Ikhaya	Home
Ikhekhe (losuku lokuzalwa)	Cake (birthday cake)
Ikheli	Address
Ikhemisi	Pharmacy
Ikheshi	Elevator
Ikhishi	Kitchen
Ikhofi	Coffee
Ikhokho	Cocoa
Ikhompasi	Compass
Ikhompyutha	Computer
Ikhukhe (lomshado)	Cake (wedding cake)
Ikilogram	Kilogram
Ikilometer	Kilometer
Ikolishi	College
Ikona	Corner
Ikusasa	Future
Ilahle	Battery
Ilambu letraffic	Traffic light
Ilambu lokukhanyisa	Light bulb
Ilamula	Lemon
Ilanga	Sun
Ilayini	Queue
Ilense	Lens
Ilettuce	Lettuce
Ilezane	Razor
Ilikhwa	Handsome
Iloli	Truck
Ilunga	Member
Ilungelo	Permission (permit)

Zulu	English
Ima	Wait
Imagazine	Magazine
Imakethe	Market
Imali	Money
Imali	Cash
Imali (faka isheke a bhange)	Cash (deposit a check)
Imali yase Europe	Euro
Imap	Map
Imasela	Muscle
Imbhadalo	Payment
Imbhali	Flower
Imbhido	Spinach
Imbobo	Port (dock)
Imeter	Meter
Imfaduku	Handkerchief
Imfologo	Fork
Imfundo	Education
Imicrowave	Microwave
Imillimeter	Millimeter
Imininingwane	Details
Iminyaka	Years
Imisebenzi yezandla	Crafts
Imizwa	Feelings
Imoto	Car
Imoto yogembezi	Van
Imovie	Movie
Impahla	Clothing
Impahla yokubhukuda	Swimsuit
Impelasonto	Weekend
Impendulo	Answer
Impentjisi	Peach
Impi	War
Impilo	Life
Impompi	Tap
Impompi yamanzi	Tap water
Impuphu	Powder

Zulu	English
Imuva	Past (ago)
Imvula	Rain
Imyalo (similar to instruction)	Order
Imzila	Route
Inabukeni	Napkin
Inabukeni lengane	Diaper
Inamnede	Juice
Inamnedi	Soft-drink
Inani eliphansi	Cheap
Incabule	Sandal
Incola	Carriage
Incola	Tram
Incwadi	Letter (envelope)
Incwadi	Book
Indaba	Story
Indalo	Nature
Indawo	Place
Indawo yamathende	Campsite
Indawo yesiphuzo	Pub
Indawo yezinto	Aisle
Indawo yezitolo	Shopping center
Indawo yokudlela	Restaurant
Indawo yokugcina izilwane	Zoo
Indawo yokugezela	Bathroom
Indawo yokuhamba engaphansi komhlaba	Subway (underground)
Indawo yokuhlanganela	Venue
Indawo yokuma	Stop (station)
Indawo yokupaka	Park (parking)
Indawo yokuphumula	Park
Indawo yokuthatha isikhwama	Baggage claim
Indawo yokuzithokozisa ebusuku	Nightclub
Indawo yokuzivocavoca	Gym
Indela	Way
Indingilizi	Ring (bauble)
Indingilizi	Round

Zulu	English
Indishi	Dish
Indiza	Plane
Indiza	Airplane
Indlebe	Ear
Indlela	Path
Indlela	Track (pathway)
Indlela thize	Order
Indlovukazi	Queen
Indlu	Room (chamber)
Indlu	House
Indlu ekabili	Double room
Indlu yangasese	Toilet
Indlu yangasese yesizwe	Public toilet
Indlu yokuma	Waiting room
Indlu yokushintjela	Changin room
Indlu youkubukelisa	Theater
Indoda	Man
Indodakazi	Daughter
Indodana	Son
Indumezulu	Celebration
Indwango yetafula	Tablecloth
Indwangu ebonakalisayo	Lace
Inethi	Net
Ingade	Garden
Ingane	Baby
Ingane	Child
Ingoma	Song
Ingozi	Accident
Ingubo	Rug
Ingubo	Blanket
Ingubo	Dress
Ingubo yokugeza	Bathing suit
Ingulube	Pig
Ingxenye / isigamu	Half
Inhiziyo	Heart
Inhlanhla	Luck

Zulu	English
Inhlanzi	Salmon
Inhlanzi	Fish
Inhlobo	Type
Inhloko ebuhlungu	Headache
Ini	What
Inja	Dog
Inkanankana	Padlock
Inkanyezi	Star
Inkanyezi yenhlanhla	Star sign
Inkapani ebhakayo	Bakery
Inkapani yezindiza	Airline
Inkolo	Religion
Inkomo	Cow
Inkosi	King
Inkukhu	Chicken
Inkundla	Stadium
Inombholo yekamelo	Room number
Inombolo	Number
Insimbi	Metal
Insipho	Soap
Intaba	Mountain
Intambo	Rope
Intamo	Neck
Intanba	Hill
Intanjana	String
Intathakusa	Dawn
Intela	Sales tax
Intengo	Cost
Intengo	Price
Into wokucocobalisa	Toaster
Intombi	Girlfriend
Intongomane	Peanut
Intsimbi	Steal
Inxenye	Part (piece)
Inxenye	Party (political)
Inxenye ekhulwini	Per cent

Zulu	English
Inxenye kokune	Quarter
Inyalithi	Needle (stitch)
Inyama	Meat
Inyama	Steak
Inyama yengulube	Pork
Inyama yenkomo	Beef
Inyanga	Month
Inyoka	Snake
Inyoni	Bird
Inzuzo	Profit
iorchestra	Orchestra
Ioyili	Oil (oily)
Ipani	Pan
Ipani	Saucepan
Ipani lokugazinga	Frying pan
Ipassort	Passport
Ipen	Pen
Ipensela	Pencil
Iphakethe	Package
Iphela	Cockroach
Iphepha	Paper
Iphepha	Tissues
Iphepha lokudlulisa	Boarding pass
Iphepha lokusula	Toilet paper
Iphephandaba	Newspaper
Iphilisi	Pill
Iphilisi leasprin	Aspirin
Iphilisi lobuhlungu	Painkiller
Iphokethe	Packet
Iphokethe	Pocket
Iphoyisa	Police
Iphoyisa	Police officer
Iphupho	Dream
Iphutha	Mistake
Ipie	Pie
Iplanet	Planet

Zulu	English
Iplastiki	Plastic
Ipledi	Plate
Ipolitiki	Politics
Iposi	Post office
Iposikhadi	Postcard
Iprinter	Printer (printing)
Ipulaki	Plug (socket)
Ipulamu	Plum
Ipulazi	Farm
Ipump	Pump
Iqakala	Ankle
Iqhwa	Ice
Iradiator	Radiator
Iramu	Rum
Irisithi	Receipt
Iriyisi	Rice
Isaladi	Salad
Isambulelo	Umbrella
Isandla	Hand
Isayensi	Science
Isazela	Guilty
Isela	Thief
Iseluleko	Advice
Isenti	Cent
Isentimitha	Centimeter
Isethembiso	Promise
Ishethi	Shirt
Ishethi	T-shirt
Ishidi	Sheet (linens)
Ishokoleti	Chocolate
Ishower	Shower
Isibhakabhaka	Sky
Isibhamu	Gun
Isibhedlela	Hospital
Isibhido	Vegetable
Isibhido sethanga elincane	Zucchini

Zulu	English
Isibindi	Brave
Isibongo	Name (surname)
Isibongwana	Tip (tipping)
Isibuko	Mirror
Isicabucaku	Silk
Isicade	Carrot
Isicathulo	Shoes
Isichingi	Lake
Isiciniseko	Guaranteed
Isidingo	Need
Isidudla	Fat
Isidududu	Bike
Isidududu	Motorbike
Isifuba	Chest (torso)
Isifumbathiso	Bribe
Isifutho	Sauna
Isigaba	Class (categorize)
Isigadla	Lump
Isigci	Rhythm
Isigcino	End
Isigcoko	Hat
Isigodo	Wood
Isihlabathi	Sand
Isihlahla	Tree
Isihlakalo	Disaster
Isihlalo	Chair
Isijeziso	Fine
Isikafu	Scarf
Isikali sokushisa	Thermometer
Isikebhe	Boat
Isikebhe esinenjini	Motorboat
Isikelo	Scissors
Isiketi	Skirt
Isikhathi	Season
Isikhathi	Time
Isikhathi esigcwele	Full-time

Zulu	English
Isikhiya	Key
Isikhumba	Leather
Isikhumba	Skin
Isikhumulo	Airport
Isikhundi	Shorts
Isikhwama sesandla	Handbag
Isikhwama somcamelo	Pillowcase
Isikhwanyana	Purse
Isikhwehle	Jacket
Isikole	School
Isikole semfundo ephakeme	High school
Isikole sokucalisa ingane	Kindergarten
Isikwama	Bag
Isikweledu	Credit
Isilima	Idiot
Isiliva	Silver
Isilwane	Animal
Isimo sezulu	Weather
Isimo socansi	Romantic
Isimo sokuphila	Health
Isinaphi	Mustard
Isince (isince)	Bottom (butt)
Isingani	Boyfriend
ISingisi	English
Isinkwa	Bread
Isiphambano	Cross (crucifix)
Isiphepho	Storm
Isipho	Gift
Isipho	Present (treat)
Isiphuzo	Drink (cocktail)
Isiphuzo esivundisiwe	Cider
Isipuno	Spoon
Isipuno esincane	Teaspoon
Isiqhingi	Island
Isisindo	Weight
Isisindo sephawundi	Pound (ounces)

Zulu	English
Isisu	Stomach
Isisu esibuhlungi	Stomach ache
Isitabani	Lesbian
Isitaladi	Street
Isitebhisi	Step
Isitembu	Stamp
Isiteshi	Station
Isiteshi samaphoyisa	Police station
Isiteshi sebhasi	Bus station
Isiteshi sebhasi	Bus stop
Isiteshi sikaloliwe	Train station
Isiteshi sikaphetroli	Petrol station
Isiteshu	Statue
Isithako	Sauce
Isithako	Ingredient
Isithelo	Fruit
Isithelo seraspberry	Raspberry
Isitholo sotjwala	Liquor store
Isithombe	Photo
Isithombo	Plant
Isitibili	Pedal
Isitja	Bowl
Isitofu	Stove
Isitolo	Shop
Isitolo sezimpahla	Clothing store
Isitolo sezincwadi	Bookshop
Isitulo	Seat
Isitulo sabakhubazekile	Wheelchair
Isivakashi	Tourist
Isivalo	Door
Isivemelwano	Contract
Isivula bhodlela (elivalwa ngesigodo)	Bottle opener (corkscrew)
Isivula bhodlela (utjwala)	Bottle opener (beer)
Isivumelwano	Deal (card dealer)
Isiyezi	Dizzy

Zulu	English
Isiyilo	Floor (level)
Isizathu	Reason
Isobho	Soup
Isoda	Soda
Isondo	Wheel
Isonto	Cathedral
isouth	South
Istrawberry	Strawberry
Istroller	Stroller
Istudio	Studio
Isupermarket	Supermarket
Iswidi	Candy
Itafula	Table
Itamati	Tomato
itemu	Name (term)
Ithanga	Pumpkin
Ithawula	Towel
Ithikithi	Ticket
Ithimba	Team
Ithingo	Border
Ithini	Thin
Ithuba	Chance
Ithunyela	Lime
Itiya	Tea
Itjalo	Gauze
Itje	Stone
Itraffic	Traffic
Iviki	Week
Ivinigar	Vinegar
Iwa	Steep
Iwashi	Watch
Iwashi	Clock
Iwashi lealarm	Alarm clock
Iwayini	Wine
Iwolintji	Orange (citrus)
Izakhiwo maduzane nedolobha	Suburb

Zulu	English
Izambane	Potato
Izibuko	Glasses (eyeglasses)
Izibuko zelanga	Sunglasses
Izigubhu	Drums
Izikhwama	Baggage
Izincwadi	Mail (mailing)
Izindaba	News
Izindebe	Lips
Izindlu	Apartment
Izinga	Degrees (weather)
Izinga eliphakeme	Quality
Izinga lokushisa	Temperature (degrees)
Izingane	Children
Izintaba eziqhumene	Mountain range
Izinto zosizo lokucala	First-aid kit
Izinwele	Hair
Izinyo	Tooth
Izisindo	Weights
Izitebhisi ezizihambelayo	Escalator
Izolo	Yesterday
Izwa	Hear
Izwe	Country
Izwi	Voice

J

Juba	Cut

K

Kabili	Twice
Kakhulu	Too (excessively)
Kakhulu	Very
Kangakanani	How much
Kanjani	How
Kanyakanye	Together

Zulu	English
Kanye	Once
Kenethunzi	Shade (shady)
Khanda	Repair
Khansela	Cancel
Khetha	Choose
Khiciza	Produce
Khiya	Lock
Khohlwa	Forget
Khokha	Pay
Khomba	Show
Khomba	Point
Khombisa	Show
Khona lapho	There
Khononda	Complain
Khula	Grow
Khululeka	Relax
Khuluma	Talk
Khuluma ngokubhala	Chat up
Khuphuka	Up
Khuphuka	Climb
Khuphuka intaba	Uphill
Khwehlela	Cough
Khwela	Ride
Khwela	Ride (riding)
Kifisha	Short (low)
Kokubili	Both
Komile	Dry
Komise	Dry (warm up)
Komlilo	Campfire
Kona	It
Konke	Every
Konke	Rest
Konke	All
Konke	Everything
Koze kube	Until
Ku	In

Zulu	English
Kubalulekile	Important
Kubekile	Flat
Kubhekekile	Typical
Kubhunyikile	Sprain
Kubi	Bad
Kubi kakhulu	Terrible
Kubili	Double
Kubili	Two
Kubilisiwe kuze kome	Hard-boiled
Kubizakakhulu	Expensive
Kubolile	Spoiled (rotten)
Kubomvu	Red
Kubuhlungu	Painful
Kuchachekile	Lose
Kucinile	Hard (firm)
Kucinile	Tight
Kucondekhona	Direct
Kucondile	Straight
Kudala	Old
Kude	Long
Kude	Far
Kudemaduze	Recently
Kudingekile	Necessity
Kufihlakele	Private
Kufudumele	Warm
Kufule	Dead
Kugcwele	Full
Kuhle	Nice
Kuhle	Pretty
Kuhle	Beautiful
Kuhle	Good
Kuhlobile	Clean
Kujuba	Across
Kukhiyiwe	Locked
Kukhulu	Large
Kukhulu	Thick

Zulu	English
Kukhulu	Big
Kukhulu	Great (wonderful)
Kulahlekile	Lost
Kuluhlaza	Green
Kulukhuni	Difficult
Kulula	Light (weightless)
Kulula	Simple
Kulungile	Right (appropriate)
Kulunyekiwe	On
Kumalula	Easy
Kumanzi	Wet
Kumathile	Humid
Kumbe	Maybe
Kumnandi	Tasty
Kumnyama	Dark
Kumnyama	Black
Kumpintjene	Crowded
Kumunyu	Bitter
Kunamafutha	Cream (creamy)
Kunamandla	Strong
Kuncolile	Dirty
Kunenkungu	Foggy
Kungakefiki isikhathi	Early
Kungcolisekile	Pollution
Kungenzeka	Possible
Kungenzeke	Impossible
Kungoba	Because
Kuningi	Many
Kunobucansi	Sexy
Kunomcondo	Sensible
Kunomsindo	Loud
Kunosizo	Useful
Kunsundu	Brown
Kunye	One
Kuphakeme	High (steep)
Kuphela	Only

Zulu	English
Kuphephile	Safe
Kuphi	Where
Kuphi	Which
Kupitjiziwe	Cruise
Kusasa	Tomorrow
Kusemthetweni	Legal
Kusha	Fresh
Kushisisiwe	Heated
Kushonile	Deep
Kusukela	Since
Kusukela	From
Kuthangi	Day before yesterday
Kuvaliwe	Closed
Kuvuliwe	Open
Kuvuvukile	Sore
Kuwusizo	Valuable
Kuyabanda	Cool (mild temperature)
Kuyabanda	Cold
Kuyabora	Boring
Kuyabulala	Poisonous
Kuyafana	Same
Kuyafana	Similar
Kuyahlekisa	Funny
Kuyakitaza	Fun
Kuyalima	Itch
Kuyamangalisa	Wonderful
Kuyangakhona	Towards
Kuyashesha	Emergency
Kuyashisa	Hot
Kuyashoda	Shortage
Kuyathakazisa	Interesting
Kuyavuvuka	Swelling
Kuyesinda	Heavy
Kuyingozi	Dangerous
Kuzwe	Try (sip)
Kwabo	Their

Zulu	English
Kwakudala	Ancient
Kwanele	Enough
Kwehlukile	Different
Kwenzelwe wena	Custom
Kwephukile (kuyekhuka)	Broken (breaking)
Kwetjiwe	Stolen

L

Lala	Sleep
Lalela	Listen
Landela	Follow
Lapha	Here
Lapho kusayinwe khona	Signature
Leni	Why
Letha	Bring
Libalele	Sunny
Limele	Hurt
Lisibekele	Cloudy
Loko	That (one)
Loku	This (one)
Luhlaza	Blue (dark blue)
Luhlaza okwesibhakabhaka	Blue (light blue)
Luma	Bite (dog bite)
Lungiselela	Prepare
Lwani	Fight

M

Mabukana	Opposite
Maduzane	Near (close)
Maduzane ne	Next to
Mamatheka	Smile
Mame	Miss (lady)
Mame	Mother
Mana	Stop (halt)

Zulu	English
Manje	Now
Manje	Present (now)
Masinya	Quick
Masinya	Fast
Masinya	Soon
Mema	Invite
Memeza	Shout
Mhlophe	White
Mikisa	Deliver
Mina	Me
Mnumzane	Mr.
Mpunga	Grey
Mude	Tall
Mukela	Admit

N

Nakekela u	Care for
Nako	Also
Naloku	Too (additionally)
Namhlanje	Today
Namhlanje ebusuku	Tonight
Ncelisa	Breakfast
Ncoma	Recomment
Nconoza	Prefer
Ndiza	Fly
Ndlelanye	One-way
Ne	And
Ngako	About
Ngakwesokhohlo	Left (leftward)
Ngakwesokunene	Right (rightward)
Ngaphakathi	Within (until)
Ngaphambili	Ahead
Ngaphambilini	Before
Ngaphandle	Outside
Ngaphandle kwako	Without

Zulu	English
Ngaphansi	Below
Ngaphansi (Ngaphansi)	Bottom (on bottom)
Ngaphesheya kwezilwandle	Overseas
Ngaphezulu	Above
Ngasemuva	After
Ngasemuva (indawo engasemuva)	Back (backward position)
Nge	With
Ngedwa	Alone
Ngemuva	Rear (behind)
Ngemuva	Behind
Ngena	Enter
Ngesikhathi	On time
Ngiyabheja	Bet
Ngiyesaba	Afraid
Ngizo	Ill
Ngoku	Per
Ngokukhululeka	Free (at liberty)
Ngokuncishisiwe	Less
Ngokungajahi	Slowly
Ngokungephelele	Part-time
Ngokuphindaphinda	Often
Ngokusekelayo / Ngokuvumelanayo	Positive
Ngokushesha	Urgent
Ngomile	Thirsty (parched)
Nika	Give
Nini	When
Njalo	Always
Njengokuba	Exactly
Nkosikazi	Mrs./Ms
Nokho	(Not) yet
Noko	But
Noma	Or
Nquma	Decide
Nsuku zonke	Daily
Ntjweza	Diving
Ntjweza	Surf

Zulu	English
Nukisa	Smell

O

Zulu	English
Obheke ingane	Babysitter
Odla izibhido kuphela	Vegeterian
Ohamba ngezinyawo	Pedestrian
Okokubebeka izimpahla	Wardrobe
Okokucala	First
Okokugcina	Last (finale)
Okokugcobisa umlomo	Lipstick
Okokugcoka kwawomame	Jumper (cardigan)
Okokugeza amazinyo	Toothpaste
Okokuhamba	Transport
Okokujuba izingalo	Nail clippers
Okokukholwa	Religious
Okokulumeka	Lighter (ignited)
Okokunamathelisa	Glue
Okokushisisa	Heater
Okokususa iphunga lomzimba	Deodorant
Okokwehlisa	Dessert
Okubili	Pair
Okuduze kunokunye	Nearest
Okujwayelekile	Ordinary
Okukona....noma....	Neither...nor...
Okulandelayo	Next (ensuing)
Okumcoka	Main
Okuncane	Few
Okuncane	Little (few)
Okuncane	Little (tiny)
Okuncane	Small
Okuncane	Young
Okuncanyana	Tiny
Okungaphelelwa yisikhathi	Relic
Okungaphile	Crazy
Okungezekile	More

Zulu	English
Okungezwani nomzimba	Allergy
Okuningi	(A) Lot
Okunye	Other
Okunye	Another
Okuphikisayo	Negative
okusamathunduluka	Cherry
Okusha	New
Okuthile	Something
Okuyincelencele	Fragile
Okwakhe	His
Okwakhiwe ngesandla	Handmade
Okwakho	Your
Okwalapha	Local
Okwamakhathakhatha	Herbal
Okwami	My
Okwangempela	Original
Okwedlule	Last (previously)
Okwedlulele	Best
Okwesibili	Second
Okwesithathu	Third
Okwethu	Our
Omdala	Adult
Omunye	Someone
Ongayedwa	Single (individual)
Ophekayo	Chef
Owesifazane	Female
Owesimame	Her (hers)
OWESIMAME	She
Owinile	Winner
Ozohamba naye	Date (companion)
Ozozwele kona	Experience

P

Phakade	Forever
Phakathi	Between

Zulu	English
Phakathi endlini	Indoor
Phakathi nendawo	Square (town center)
Phakathi nendawo	Center
Phakathi nendawo edolobheni	City center
Phakathi nobusuku	Midnight
Phakatsi	Inside
Phambi kwe	In front of
Phansi	Low
Phansi	Down
Phansi endlini	Floor (carpeting)
Phansi entabeni	Downhill
Pheka	Cook
Phenduka	Turn
Phezulu	Aboard
Phidisela imali	Refund
Phula	Break
Phuma	Exit
Phumela phandle	Go out
Phumelela	Pass
Phuthuma	Rash
Phuthuma	(be) in a hurry
Phuza	Drink
Pinki	Pink

Q

Qagela	Guess
Qopha	Record (music)

R

Renta	Rent
Robha	Rob

Zulu	English

S

Zulu	English
Sayina	Sign (signature)
Sebenza	Work
Sebenzisa kabusha	Recycle
Sekwenzekile	Already
Shada	Marry
Shaya (ucingo)	Call (telephone call)
Shayela	Drive
Shefa	Shave
Shintja	Change (coinage)
Shisa	Burn
Shono	Say
Shova	Cycle
Simanjemanje	Modern
Sobugovu	Selfish
Suka	Depart
Sukuma ngamandla	Spring (prime)

T

Zulu	English
Thabatha	Take
Thanda	Like
Thanda	Love
Thatha izithombe	Take photos
Themba	Trust
Thenga	Shop
Thenga	Buy
Thengisa	Sell
Thina	We
Thinta	Touch
Thola	Earn
Thola	Get
Thula	Mute
Thula	Quiet

Zulu	English
Thumela	Send
Thwala	Carry
Tishela	Teacher
Tjela	Tell

U

Ubaba	Dad
Ubambo	Rib
Ubanana	Banana
Ubani	Who
Ubhaki	Backpack
Ubhekeni	Bacon
ubhulukwana	Underwear
Ubisi	Milk
Uboya	Wool
Ubucwebe	Jewelry
Ubudala	Age
Ubudlelwano	Relationship
Ubuhlungu	Pain
Ubumpofu	Poverty
Ubusika	Winter
Ubuso	Face
Ubusuku	Night
Ubusuku bonke	Overnight
Ucansi	Sex
Ucebile	Rich (prosperous)
Ucebile	Wealthy
Ucezu	Piece
Uchwephesha	Specialist
Ucingo	Telephone
Ucu	Necklace
Udade	Girl
Udaka	Mud
Udakiwe	Drunk
Udiniwe	Tired

Zulu	English
Udodi	Garbage
Udokotela	Doctor
Ufisa	Wish
Uflawa	Flour
Ufowethu	Brother
Ufuna	Want
Ugalo	Finger
Ugesi	Electricity
Ugogo	Grandmother
Ugogo	Mother-in-law
Ugu	Coast
Ugwadule	Desert
Ugwayi	Cigar
Ugwayi	Tobacco
Ugwayi	Cigarette
Uhambo	Tour
Uhambo	Travel
Uhambo	Trip (expedition)
Uhla lokudla	Diet
Uhlangothi lwesitolo	Department store
Uhlelo	Program
Uhlobo	Kind (sweet)
Uhudo	Diarrhea
Uhulumeni	Government
Uhwebo	Trade (career)
Ujabule	Happy
Uju	Honey
Ukhathazekile	Worried
Ukhisimusi	Christmas
Ukhubazekile	Disabled
Ukolweni	Corn
Ukotini	Cotton
Ukubanesithukuthezi	Bored
Ukubekwa	Appointment
Ukubiza kwemali	Fare
Ukubulala	Murder

Zulu	English
Ukucabula (noun)	Kiss
Ukucasha	Hire
Ukucela ozokupha okokuhamba	Hiking
Ukuchucha	Fever
Ukucondisa	Direction
Ukudansa	Dancing
Ukudla	Meal
Ukudla	Food
Ukudla kwasemini	Lunch
Ukudlala kabi	Foul
Ukudoja	Cheat
Ukufoma	Sweet
Ukugeja	Miss (mishap)
Ukugodla	Reservation (reserving)
Ukugucula isomo sokushisa somoya	Air conditioning
Ukugula	Sick
Ukugula ngamakhaza	Have a cold
Ukugula ngokushisa okwecile	Temperature (feverish)
Ukugula okubangelwa ukuhamba ngomkhumbi	Seasickness
Ukuhlaseka	Embarrassed
Ukujima	Jogging
Ukujojwa lwezinwele	Haircut
Ukukhanya	Light
Ukukhanya kombala	Light (pale)
Ukukwata	Angry
Ukulethwa	Dentist
Ukulimala	Injury
Ukumangala	Surprise
Ukuncencetha	Ring (ringing)
Ukunenkanuko	Sensual
Ukunethezeka	Comfortable
Ukungaboni	Blind
ukungajahi	Slow
Ukungakhululeli	Uncomfortable
Ukungena	Entry

Zulu	English
Ukunikezwa Imvume Yokuthola Umuthi	Prescription
Ukuphahlazeka	Crash
Ukuphuma kwelanga	Sunrise
Ukurobha	Robbery
Ukusebenza kwento	Operation (process)
Ukusebenza ngokubhekekile	Performance
Ukushaywa umoya	Hike
Ukushisa	Heat
Ukushiswa yilanga	Sunburn
Ukushona kwelanga	Sunset
Ukushova	Cycling
Ukusuka	Departure
Ukuthethisana	Argue
Ukutholakala	Identification
Ukuthopha	Complimentary (on the house)
Ukuthula	Peace
Ukuwa	Fall (autumnal)
Ukuwa	Fall (falling)
Ukuzakha	Make-up
Ukuzama	Try (trying)
Ukuzethwala	Pregnant
Ukuzibongela	Grateful
Ukuzichaza	Have fun
Ukuzimisela	Serious
Ukuzisola	Regret
Ukuzithokozisa	Luxury
Ukuzwisa isidingo soluhlanza	Nausea
Ukwenza kuhlobe	Cleaning
Ulambhile	Hungry (famished)
Ulayini	Track (racing)
Ulibele	Stupid
Ulimi	Language
Uloliwe	Train
Ulungele	Ready
Ulwandle	Ocean

Zulu	English
Ulwandle	Sea
Ulwazi	Information
Uma	If
Umabonakude	Television
Umabonakude	TV
Umafutha enhloko	Shampoo
Umahlala ekhukhwini	Cell phone
Umahlala ekhukwini	Mobile phone
Umakalabha	Helmet
Umakhi	Builder
Umapendane	Painter
Umatalasi	Mattress
Umatasa	Busy
Umbala	Color
Umbala osaolintji	Orange (color)
Umbazi	Carpenter
Umbede owababili	Double bed
umbhali	Writer
Umbhede	Bed
Umbhoshongo	Tower
Umbumbi	Pottery
Umbuzo	Question
Umcambhi manga	Liar
Umcamelo	Pillow
Umcintiswano	Race (running)
Umcondo	Opinion
Umculi	Singer
Umculo	Music
Umdalo weseshashalazini	Play (theatrical)
Umdlalo	Game (event)
Umdlalo	Game (match-up)
Umdlwane wengulube	Pigeon
Umdozolo	Mosquito
Umdwebi	Artist
Umdwebo	Painting (canvas)
Umdwebo	Painting (the art)

Zulu	English
Umdwebo	Art
Umehluko ngesikhathi	Time difference
Umetjiso	Matches (matchbox)
Umfana	Boy
Umfazi	Wife
Umfula	River
Umfundi	Student
Umgcoma kadodi	Garbage can
Umgibeli	Passenger
Umgwaco	Road
Umgwaco omcoka	Mainroad
Umgwaco owu thela wayeka	Highway
Umhlaba	World
Umhlaba	Land
Umhlangano	Meeting
Umhlathi	Jaw
Umholi	Leader
Umjibhi	Jeep
Umkhono	Arm
Umkhuleko	Prayer
Umkhulu	Grandfather
Umkhumbi	Ship
Umkhwenyana	Husband
Umlando	History
Umlawuli	Operator
Umlayezo	Message
Umlenze	Leg
Umlilo	Fire (heated)
Umlomo	Mouth
Ummeli	Lawyer
Umndeni	Family
Umngani	Friend
Umnikazi	Owner
Umnyango wezimpahla	Customs
Umongameli	President
Umoya	Wind

Zulu	English
Umoya	Air
Umoya wokuphefumula	Oxygen
Umphefumulo	Breathe
Umphombo	Throat
Umphristi	Priest
Umsakazo	Radio
Umsebenzi	Job
Umsebenzi osephepheni	Paperwork
Umshado	Marriage
Umshado	Wedding
Umshina	Machine
Umshina wokuwasha	Washing machine
Umshini wokutwebula ivideo	Video recorder
Umshovi	Cyclist
Umsindo	Noisy
Umtapo	Library
Umthamo	Snack
Umthebuli zithombe	Photographer
Umthetho	Law (edict)
Umthetho	Rule
Umthwalo	Luggage
Umugqa	Trail
Umukhwa	Knife
Umuntu	Person
Umuthi	Medicine (medicinals)
Umuthi wamalense amehlo	Contact lens solution
Umuthi wokushefa	Shaving cream
Umximbi	Party (celebration)
Umzana	Village
Umzimba	Body
Umzizu	Minute (moment)
Umzukulu	Granddaughter
Umzukulu	Grandson
Umzuzu	Second (moment)
Unako	Have
Unamnede kalamula	Lemonade

Zulu	English
Unehlanhla	Lucky
Unesi	Nurse
Ungacali	Never
Ungahambi	Stay (sleepover)
uNkulunkulu	God (deity)
Unogwaja	Rabbit
Unyaka	Year
Unyawo	Foot
Upelepele	Pepper (peppery)
Upetroli	Petrol
Uphawu	Sign
Uphilile	Well
Uphuzo	Drink (beverage)
Upuphuli	Purple
Uqhakile	Poor
Usayizi	Size (extent)
Usaziwayo	Popular
Usaziwayo	Famous
Ushintji	Change
Ushintji	Change (pocket change)
Ushizi	Cheese
Ushukela	Sugar
Usisi	Sister
Usizo	Help
Usizo	Service
Usizo	Value
Usosayensi	Scientist
Usuku	Day
Usuku	Date (specific day)
Usuku lokuzalwa	Birthday
Usuku olumcoka	Date (important notice)
Uthatha izimali	Cashier
Utjani	Grass
Utjwala	Alcohol
Utjwala	Beer
Utjwala	Cocktail

Zulu	English
Utswayi	Salt
Utwane	Toe
Uvivane	Butterfly
Uweta	Waiter
Uyafunda	Reading
Uyavilapha	Lazy
Uyezela	Sleepy
Uziphu	Zipper

V

Vakasha	Visit
Vala	Shut
Vala	Close
Vikela	Stop (avoid)
Vikela	Protect
Vota	Vote
Vuka	Wake (someone) up
Vuma	Agree

W

Wakhuluma	Spoke
Wamukelekile	Welcome
Washa	Wash (scrub)
Washa izimpahla	Wash cloth
Wathunga	Sew
Wawuhlanganisa	Included
Wena	You
Wena	You
Wina	Win
Wonkewonke	Everyone
Woza	Come

Zulu	English

X

Xwayisa	Warn

Y

Yakha	Make
Yakha	Build
Yala	Refuse
Yanga	Hug
Yazi	Know
Yebo	Yes
Yehlika	Get off (disembark)
Yeka	Quit
Yena	He
Yenza	Do
Yiba	Be

Z

Yizwa	Feel (touching)
Zithokozise	Enjoy (enjoying)

Made in the USA
Columbia, SC
17 September 2023

23006013R00065